客户沟通学
这样说
客户才愿意听

梁银亮　编著

企业管理出版社
ENTERPRISE MANAGEMENT PUBLISHING HOUSE

图书在版编目（CIP）数据

客户沟通学：这样说客户才愿意听 / 梁银亮编著.
—北京：企业管理出版社，2018.7

ISBN 978-7-5164-1416-3

Ⅰ.①客… Ⅱ.①梁… Ⅲ.①企业管理－销售管理 Ⅳ.①F274

中国版本图书馆CIP数据核字（2018）第146568号

书　　名	客户沟通学：这样说客户才愿意听
作　　者	梁银亮
责任编辑	陈　静
书　　号	ISBN 978-7-5164-1416-3
出版发行	企业管理出版社
地　　址	北京市海淀区紫竹院南路17号　　邮编：100048
网　　址	http://www.emph.cn
电　　话	编辑部（010）68701661　发行部（010）68701816
电子信箱	78982468@qq.com
印　　刷	北京宝昌彩色印刷有限公司
经　　销	新华书店
规　　格	170毫米×240毫米　16开本　12.25印张　238千字
版　　次	2018年7月第1版　2018年7月第1次印刷
定　　价	48.00元

版权所有　翻印必究 · 印装有误　负责调换

前言 FOREWORD

我们经常听到一些销售人员这样感叹：为什么自己还没开口，就遭到客户的严词拒绝？为什么总感觉客户处处刁难、得寸进尺？为什么费尽周折让客户认可了产品，却在价格上谈不拢？为什么客户总是疑虑重重，害怕自己上当受骗？……

产生这些问题的根源就在于销售人员不懂得与客户沟通。销售是一项极富挑战性的工作，也是最有可能创造奇迹的事业。每位销售人员都希望能在销售行业闯出一片天地，做出一番成绩，但这并非易事，除了要挖掘渠道、人脉和平台，更重要的还是必须先具备出色的客户沟通能力。

销售人员就是靠嘴吃饭的，具有语言魅力的销售人员对客户的吸引力是不可估量的。一名优秀的销售人员，必定深谙语言艺术，一句话点石成金，两句话心花怒放，三句话绝对成交。可以这样说，没有好口才就做不好销售。

那么，销售高手到底是如何销售产品的呢？其实他们的秘密武器就是嘴和心，他们懂得洞察客户的内心，能把话说到客户心里去。销售就是一个沟通的过程，通过沟通来掌握客户的需求，通过沟通来获知客户的心理，通过沟通来赢得客户的信任。一句话，需求就在客户的身上，所有的商机都藏在与客户的沟通之中。

普通销售员卖产品，销售高手卖信任。只有把话说到客户的心坎上，和客户交心，才能取得客户的信任，订单自然手到擒来。话说不到点子上，说破嘴皮客户也不愿听，客户不信任，跑断腿他也不买账。因此，与客户沟通的能力是一种取之不尽、用之不竭的财富。拥有较强的沟通能力能让我们充分展现个人魅力，处处受到客户的喜爱，在销售工作中抢占先机，提升业绩。

本书共十二章，分别从销售自己、倾听客户、掌控谈话局势、说服客户、产品介绍、弦外之音、解除客户疑虑、沟通禁忌、销售故事、价格谈判、成交技巧以及售后服务等方面解析销售人员在进行销售工作时与客户的沟通之道，内容深入浅出，语言生动活泼，案例真实有趣。

　　本书没有讲解晦涩难懂的销售理论，而是以实用为导向，通过大量生动的案例深入分析销售人员面对各种情境时需要掌握的沟通方法与技巧，让读者能够内化于心，在各种销售场合都能展现出高超的沟通艺术，在实战中能创造性地灵活运用，真正打动与说服客户，促进销售业绩稳步提升。

　　本书适合各行各业战斗在一线的销售人员、销售培训师，以及打算进入销售行业工作或者对销售感兴趣的读者阅读参考。

编　者
2018 年 3 月

目录 CONTENTS

第一章
把话说到客户心里去,销售产品前先"销售自己"

一、第一句话要好听,让客户愿意沟通就成功了一半 / 2

二、初次见面,目的性太强会封闭沟通的大门 / 3

三、鹦鹉学舌,用重述构建客户好感 / 5

四、培养亲和力,让客户喜欢你的"温柔" / 7

五、运用30秒注意力原理,快速俘获客户心智 / 9

六、谈客户感兴趣的事,和客户交流要能对上频道 / 11

七、寻找客户的闪光点,握好赞美这把"万能钥匙" / 12

八、耐心回答,客户的每一个问题都蕴含着成交的可能 / 14

九、幽默风趣,让客户在开怀大笑中接纳产品 / 16

第二章
会说的不如会听的,80%的业绩是靠倾听来完成的

一、学会适时闭嘴,倾听是对客户最好的尊重 / 20

二、打消想要插话的念头,让客户把话说完 / 22

三、收起僵硬冷漠脸，不想听的也要"感兴趣" /23

四、不要惧怕，聆听是平复客户情绪的神器 /25

五、客户说的话也要分析，不能"听风就是雨" /27

六、适时回应客户，让客户知道你在认真倾听 /28

七、倾听中说出自己的不懂，提前消除交流障碍 /30

八、与客户共情，别让你们的情感不在同一频道上 /32

第三章

掌控谈话局势，让客户在潜移默化中靠近成交

一、把握住谈话方向，让客户一直跟着你的思路走 /35

二、让客户想象获得产品的好处，他就会忍不住购买产品 /36

三、制造紧迫感，使潜在客户主动成为客户 /38

四、出奇制胜，让好奇心在客户心中生根 /40

五、用身体语言唤起客户的共鸣，让产品走入客户的心 /42

六、善于造势，用自身的强大气场吸引客户 /44

七、向客户请教问题，激发客户的表现欲 /46

八、运用尼尔拉克姆模式，使客户的潜在需求明朗化 /48

九、开放式提问，让客户充分表达自己的观点 /49

十、封闭式提问，摆脱兜圈子的烦恼 /52

第四章

提供无懈可击的理由，在任何场合说服任何客户

一、一语击中客户需求痛点，给客户非买不可的理由 /55

二、大要求之后提小要求，"留面子效应"赢得客户 /56

三、掌握客户关心的点，并证明你能满足他 /57

四、"此物只应天上有"，这种描述让客户唯恐避之不及 / 59

五、把问题说透，把好处说够 / 60

六、权威效应：相信权威专家的话 / 62

七、折中效应：让产品在不打折时卖出好价钱 / 64

八、细分价格，价格再高也不会高不可攀 / 65

九、多谈产品的价值，价格再也不是事儿 / 66

第五章

强势推出产品卖点，让客户对产品无可挑剔

一、运用 AIDA 理论推介产品，让客户爱上产品 / 69

二、为客户示范产品功能，消除客户对产品的疑虑 / 70

三、让客户对产品"上瘾"，想不买都难 / 73

四、做产品专家，用客户能听懂的专业语言说服他 / 75

五、突出产品卖点，击中客户购买需求 / 76

六、主动"晒"出产品的问题，客户会觉得瑕不掩瑜 / 78

七、运用富兰克林销售法，让客户在对比中衡量购买的价值 / 80

八、用形象语言创造画面感，激发客户对产品的向往 / 81

第六章

客户话里有话，秒懂弦外之音避免错失良机

一、"没兴趣"：客户只是对产品还不够了解 / 84

二、"我先随便看看"：客户心理压力比较大 / 85

三、"以前用过，但不好"：客户还对该产品心存感情 / 87

四、"过段时间再买"：今天有买的可能 / 88

五、"我再考虑考虑"：趁热打铁，挡住客户拒绝的借口 / 90

六、"我现在正在开会"：分清客户是真忙还是在找借口 / 91

七、"我们没有预算"：对产品没有信心，想结束对话 / 93

八、"价格太高了"：客户有购买意愿，价格是问题 / 94

九、"寄一份资料给我吧"：客户只是在应付你 / 95

第七章

给客户吃一颗"定心丸"，让客户的疑虑烟消云散

一、销售是一个有关数字的游戏，拿出数据让客户服气 / 99

二、给客户安全感，不再让他担心上当受骗 / 100

三、用暗示语言牵引客户潜意识，让客户对产品点头称是 / 102

四、站在客户角度说话，让客户知道你在关心他 / 103

五、让客户参与产品演示，使其真切感受产品的优势 / 105

六、嫌货才是买卖人，越说产品的缺点可能越想买 / 106

第八章

沟通不能太随意，绕开"禁区"才不会坏大事

一、和客户开玩笑：谨慎小心，不然就会"踩到雷" / 110

二、和客户唱反调：反驳客户要委婉，太直白会让客户没面子 / 111

三、刻意彰显自己：盖过客户的风头，你把客户置于何地 / 114

四、说出让客户误会的话：掌握好同音异义词，别闹笑话 / 115

五、把"活"话说"死"：凡事没有绝对，不要太过于自信 / 116

六、不给客户面子：客户没了面子，你怎么拥有订单 / 117

七、说话啰唆：话都说不利索，客户怎么相信你 / 119

八、隐私问题："八卦"会让你错过好的销售机会 / 121

九、不懂装懂：硬撑场面，你会被贴上"假专业"的标签 / 122

十、质问客户：冷嘲热讽的质问只会遭到客户无情的回击 / 124

第九章

好销售都会讲好故事，让产品变得有人情味

一、讲出吸引人的故事，拉近客户与自己的距离 / 127
二、故事并不一定虚构，真实的故事最有说服力 / 129
三、做造梦高手，为客户讲一个具有代入感的故事 / 131
四、制造冲突和挑战，让故事引人入胜 / 133
五、越简单越好，简短话语也能讲述精彩故事 / 134
六、为客户编一个"她"的故事，让产品变得"浪漫" / 136
七、数据变成故事，枯燥的讲解变得妙趣横生 / 137

第十章

坚守价格阵地，一锤定音敲定有利价格

一、没有摸透客户底线，直接报价容易"将死"自己 / 141
二、把报价权利交给客户，让客户自己说出合理的价格 / 142
三、"红白脸"相继登场，演一出让客户让步的"双簧" / 144
四、发出"最后通牒"，让客户不得不就范 / 146
五、欲擒故纵，用"不在乎"做面具使客户卸下防备 / 147
六、糊涂也是一种智慧，偶尔装糊涂会让对方乱了阵脚 / 148
七、多重报价，让客户把关注点放在选择上 / 150
八、给自己留条后路，不要把价格定得太死 / 151
九、做有条件的让步，以退为进求双赢 / 152
十、示弱并不是真弱，放弃坚持己见方能占据主动权 / 153

第十一章

让客户无法开口拒绝，用对方法卖什么都能成交

一、心急吃不了热豆腐，找到客户的购买信号再出手 / 156

二、让客户"证明"自己有资格买产品，飙升客户的占有欲 / 158

三、假设已经成交，客户没理由不成交 / 159

四、避重就轻成交法，从侧身出击解开成交死结 / 161

五、利用比较，突出产品的与众不同 / 163

六、收回承诺，"吃定"价格敏感的客户 / 164

七、反客为主，巧妙反驳引导客户改变主意 / 166

八、让客户"二选一"，别让客户拿不定主意 / 167

九、成交阶段要镇定，别因为慌神功亏一篑 / 168

十、谨防"隐形杀手"，通过注重细节锁定更多客户 / 170

第十二章

成交只是销售的逗号，别在售后沟通上前功尽弃

一、完善客户管理，不要忘记客户，也别让客户忘了你 / 174

二、客户要退货，有针对性地给出合理的解决方案 / 176

三、客户抱怨可能只是在宣泄情绪，莫要火上浇油 / 178

四、落实服务承诺，让客户的投诉消失在路上 / 180

五、跟进客户，让关心在成交之后仍伴客户左右 / 182

六、趁热打铁，通过客户转介绍扩大客户群 / 185

第一章

把话说到客户心里去，销售产品前先"销售自己"

销售人员初次与客户见面，一定不要急着推销产品。此时的客户存有疑虑，内心的大门还紧紧关闭着，冲动、着急地直接向前冲只会碰壁。要学会拉近与客户的心理距离，通过展示自身形象为产品背书。一旦客户对销售人员产生好感，成功的产品销售也会到来。

一、第一句话要好听，让客户愿意沟通就成功了一半

单刀直入，可能意味着你是一个勇往直前的人，但在说话办事时这样的行为遭遇的大多是铜墙铁壁，除了碰一鼻子灰，几乎得不到什么好处。沟通时直入主题不可行，最好先来几句客套话，尤其是在面对陌生人的时候。

不要小看客套话，它不是虚伪和矫情，而是人际交往的润滑剂。不相识的人通过客套话可以熟络，相谈甚欢，彼此之间的沉默气氛也会变得活跃起来。对销售人员来说，在正式和客户沟通之前，几句客套话能够拉近与客户之间的心理距离，使之后的销售活动事半功倍。

心理学研究发现，在见面开始的几秒钟内给予客户的刺激信号所留下的印象，一般比在之后10分钟里留下的印象更深刻。这正印证了日本销售传奇人物原一平的一句话："当客户愿意与你沟通的时候，你就相当于成功了一半。"

客套话并不是随便说的，而是要让客户觉得和你有话可说，甚至能够和你成为知己。那么，在说客套话时都有哪些注意事项呢？

1. 不卑不亢

"对不起，占用了您的宝贵时间。"这样的话最好不要说出口。你带着歉意说话，以为客户会认为你有礼貌，实际上客户会以为你没有什么重要的事情，而且对自己的产品缺乏自信。因此，在说话时一定要表现出自信的态度，让客户认为你相信自己的产品。

2. 鼓足勇气说出话题

有些销售新人在刚做业务的时候不知道和客户说什么，顾虑重重，导致冷场，使客户更加怀疑产品。销售人员一定要放大胆子，事先准备好话题，按照既定的计划进行沟通。

案例 1　导购员鼓足勇气赞美顾客的女儿，成功吸引顾客购买

杨珊大学毕业后到某商场做导购员。她上学的时候性格比较腼腆，因此在做导购的时候很少主动与顾客说话，这导致她的业绩一直不如其他导购员。

店长刘美为了帮助她改变这种状况，在一次下班后向她推心置腹地说道："杨珊，

我看得出来你对服装导购这个工作还是很热爱的，但你胆子有点儿小，这样可不行。其实你不用怕，顾客就是来买东西的，只要你不说出特别偏激的话，顾客不会责怪你的。你把接受培训的时候学到的方法记在心里，到时候见机行事就可以了，千万不要紧张。"

店长的话让杨珊很有感触，她下定决心让自己迈出关键的一步。

一次，一位中年妇女带着女儿到店里挑选旅游鞋。杨珊看出中年妇女对女儿的体贴，于是鼓足勇气上前说道："您的女儿个子真高，上大学了吧？"

中年妇女乐呵呵地回答道："高中毕业考上大学了，这不带她来买双鞋吗？"

"您女儿真不错，真给您争气！以后您就等着享福吧。我看您女儿身材又好，长得很高挑，有双新款旅游鞋一定适合她。"

中年妇女顿时产生兴趣："真的？你拿给我看看。"

母女两个果然都很喜欢这款鞋，毫不犹豫地付了款。

3. 扩大寒暄话题

销售人员要培养自己广泛的兴趣爱好并扩大知识面，这样一来就更有可能把话题引到客户感兴趣的事物上。比如客户是哪里人，经常去哪里旅游，以及客户的兴趣爱好等，都可以成为寒暄的话题。

4. 避讳客户隐私

涉及客户隐私的话题是万万不能提的，除非客户主动向你提起。一般来说，涉及隐私的话题主要包括收入、婚姻、家庭情况等。假如客户主动告诉你这些隐私，那就说明你已经成为客户比较愿意接近的人了。

说出让客户感兴趣的话题，用一个漂亮的开场白为自己挣得先机，也为客户带来愉快，为彼此营造熟络的气氛，之后的销售活动自然会顺利得多。

> **沟通技巧**
>
> 客套话并不是虚伪的开场白。一句用心的客套话能够让你很快深入客户的内心，在为客户带来愉快的同时也为你带来销售的可能。从陌生到熟悉，可能只需要一两句热络的话语，只要能营造融洽氛围，销售成功的可能性就大大增加了。

二、初次见面，目的性太强会封闭沟通的大门

满怀热情，积极推销，但你的热情不仅没有感染客户，反而让客户远离了你，

客户一口拒绝,直接在你的热情上浇上了一盆冷水。遇到这种情况,千万不要认为是客户不通情达理,只是因为你的热情没有给客户带来安全感。

很多客户早已形成对推销的抵触心理,只要看到销售人员推销产品,就会说自己没有时间或者对产品不感兴趣。面对这样的情形,很多销售人员尴尬万分,手足无措。

首先要明白一点,在与客户第一次见面时,销售人员一定不能表现出太强的销售目的。销售人员应该先尽量拉近与客户的心理距离,与客户聊天,在简短的谈话中掌握客户需求,然后挖掘需求,填补需求空白。因此,能够与客户近距离、面对面地交谈是关键所在,与客户约访便不失为一种有效的方法。

在约访时先闭口不谈推销,这样可以赢得客户的好感,解除客户的心理戒备,避免自己的销售行为被扼杀在摇篮中,并且可以了解客户更多的信息。

案例2　乔·库尔曼保证不推销,客户与其相谈甚欢

乔·库尔曼是一名保险推销员,他想预约一名非常忙碌的客户,名叫阿雷。于是,他提前给阿雷打了一个预约电话。

"阿雷先生,您好,我是理查德先生的朋友,您知道他吧?"

"嗯,我和他关系很好。"

"阿雷先生,我是一名人寿保险推销员,理查德先生向我推荐了您。我知道您很忙,但不知道您能否在这个星期抽出5分钟的时间,咱们聊一聊?只用5分钟就够了。"

"你是想推销保险?前几天就有保险公司派人找我谈过了。"

"没事,我保证不向您推销。您看明天早上9点钟可以吗?"

"那好吧,你最好提前15分钟到。"

"谢谢,我一定会准时到的。"

阿雷终于答应了乔·库尔曼的请求。第二天早上,乔·库尔曼准时到了阿雷先生的办公室。

"您的时间很宝贵,我会严格遵守之前所说的话,只和您谈5分钟。"

于是,乔·库尔曼只对客户进行了简短的提问。5分钟很快就到了,乔·库尔曼主动说:"阿雷先生,时间到了,您还有什么要告诉我的吗?"

没想到,阿雷先生又和乔·库尔曼谈了10分钟,并且谈了很多乔·库尔曼很想知道的事情。

其实,乔·库尔曼曾经约见的很多客户都在5分钟之后继续谈了一个小时,而

且他们完全是出于自愿的。

成功预约客户后，在拜访客户时要注意以下几点。

1. 遵守诺言，不谈销售

既然你已经在电话中承诺不谈销售，那就一定要遵守诺言，除非客户自己主动提及。假如你违反了当初的诺言，客户会认为你是一个不可信的人，对你之后的销售就更加不感兴趣。

2. 说话速度不要太快

语速太快不利于对方倾听和理解你的话，谈话进程也会受挫。同时，语速过快很容易给对方造成较大的心理压力，让对方觉得自己是在被迫听你讲话。

3. 不占用客户太多时间

和客户约定谈几分钟就谈几分钟，不要延长时间，除非客户愿意延长时间，不然客户会认为你喋喋不休，也会觉得你不守信用，以后再约见就会困难得多。

4. 让客户说话，了解有用的信息

多问问题，让客户多说话，一来可以多了解客户的信息，二来可以将单向沟通转变为双向沟通，客户也会更积极主动。

5. 保持良好的心态

保持良好心态，面带微笑，声音悦耳，向客户展示亲和力，这样可以让客户对你更有好感。

约访客户，坚决不提及推销外，还可以做客户的顾问，为客户解决实际问题，站在客户的角度考虑问题，根据客户的需求制订处理方案，让客户发自内心认为你是在为他着想，客户自然就会放松警惕了。

> **沟通技巧**
>
> 做销售不要目的性太强。客户总是对推销产品心存反感或抵触，直接推销大多会遭到拒绝和敷衍。销售人员要想成功进行销售活动，卖出产品，首先就要"收买"客户的心，先在电话中预约拜访，说明坚决不提及推销，在与客户谈话时遵守诺言，并用语言打动客户。

三、鹦鹉学舌，用重述构建客户好感

古语有云"鹦鹉学舌，只学人言，不得人意"，但在销售活动中，灵活运用"鹦鹉学舌"技巧，则是学客户言，得客户心，客户对你的好感度会直线上升。这是因为你的重述给客户以尊重感，让他的心理需求得到了满足。

其实，重述是应用了心理学中的喜欢原则，也就是说，对自己喜欢的人，人们更愿意帮助，也更愿意对其意见表示赞同。而模仿则是一种高明的夸奖，人们喜欢那些与自己相似的人。在销售活动中，不管客户表达的是什么，问题、投诉或者订单意愿，销售人员都可以通过重述客户的话来增强认同感。

不过，重述不是简单地重复客户的话，而是用自己组织的语言重述客户的话，目的在于加深客户的好感。要记住，在与客户沟通时，任何对销售有利的事情都应该重述一遍。

案例 3　销售人员重述客户的话，客户不再冷漠，与之签单

刘丹大学刚毕业，到一家小公司上班，成为一名销售人员。因为公司的实力并不强，因此公司的销售人员都在为寻找客户发愁。

而刘丹深知找到客户其实很容易，关键是如何留住客户，与客户做成自己的第一单生意。她发现不少同事与客户沟通不久就失去了客户，这让她大为惊诧。这些同事的失败率为什么这么高？

这一天，她终于迎来了自己的第一个客户。客户盛气凌人，在任何问题上都不退让。"我们作为零售商，现在终端渠道已经完全铺开，各大公司都非常主动地与我们沟通，都想在我们这儿铺货呢！"

刘丹发现客户非常自负，就重复了他的话："看来贵公司的实力非常强大，现在终端渠道已经铺开，而且还有众多公司与贵公司沟通协商，想要与您合作。其实，我们公司也是其中之一，虽然我们公司名不见经传，实力比较弱，但铺货的关键还要看产品质量，我们公司的产品质量是绝对可以保证的。既然您还没有敲定合作商，正说明还没有找到质量符合您心意的产品。选择我们公司，您可以高枕无忧，这对我们双方都是好事。"

客户听完刘丹的话，面色舒缓了许多。"我其实也知道你们公司的产品质量不错，以前看过很多次了，但你的那些同事都太差劲了，总抢着说话，根本没有认真听我说话。听你这么一说，我心里算是有谱了。"

后来，经过多次协商，刘丹终于拿下了自己入行销售的第一单。

这个案例说明了重述还有一个重要作用，就是向客户反馈这样一个信息：销售人员正在积极地聆听他的讲话。认真聆听会让客户说更多的话，给客户留下好的印

象，同时也给自己留下思考的时间。

比如，当客户提出异议时，销售人员可以这样重述："如果我没理解错的话，您的意思是……"这种说法十分有利于接下来的交流，也便于客户接受销售人员的观点。

处理客户的异议时还可以用到其他说法，比如：

（1）刚才我听到您讲……

（2）对不起，您能不能重复一下您的意见？

（3）换一句话来说，您的意思是……

（4）×先生，您是说……

总之，重述最大的作用就是激发客户对销售人员的好感，体现在初次见面上，能迅速拉近双方的心理距离；体现在处理异议上，能够很快消除客户的对立情绪和埋怨情绪。

> **沟通技巧**
>
> 与客户初次见面，最紧要的事情不是向其推销产品，而是拉近彼此之间的心理距离。根据心理学上的喜欢原则，模仿对方能够快速获得对方的好感。重述客户的话就体现了对客户的尊重和认同，从而更容易被客户接受，让客户从内心增强对销售人员的认同感。

四、培养亲和力，让客户喜欢你的"温柔"

亲和力贵在"和"，但少不了一个"真"字，也少不了一个"温"字，更落不下一个"谦"字。提高亲和力要以人为本，"人"才是亲和力的核心所在。

提高亲和力的秘诀主要有以下几个。

```
          换位思考
             │
   真诚相待 — 亲和力 — 语言亲切
             │
          有幽默感
```

亲和力在销售活动中十分重要，是销售人员与客户之间建立信任的桥梁，一旦建立信任关系，双方之间便不再是单一的买卖关系，而是成为可以畅谈的朋友。

通常情形下，人们喜欢与他们信赖的朋友做生意，这让他们觉得放心，这也是熟人经济盛行的原因。其实，许多的商业行为都建立在友谊的基础上，因此，亲和力决定着一名销售人员能否迅速与客户建立友情基础，继而推动自身的业绩得到提升。

世界上做出突出业绩的销售人员都具有非凡的亲和力，他们能在最短的时间内采用各种方式与客户建立友谊，获得客户的信赖。

案例4 原一平用幽默诙谐逗得客户大笑，展现了其亲和力

原一平在日本被称为"推销之神"，这种称号会让人联想到他也许身材高大，魅力非凡，颜值超高，然而他其实身材矮小，长相普通，而且在刚进入保险推销领域的时候举步维艰。

在原一平还不知名的时候，有一次去见客户，他直接说道："您好，我是明治保险公司的保险推销员，我叫原一平。"

客户对他很冷淡，过了一会儿才慢腾腾地说："前几天来过一个保险推销员，我不想投保，就把他赶走了，你最好也不要再浪费时间了。"

原一平可不想这么快就走开。他不紧不慢地说："谢谢您的提醒，但我还是希望您能给我一个介绍我的产品的机会。假如我介绍完以后您不满意，我就当着您的面切腹，您看如何？"

客户一听就乐了："要是我不满意，你就真的切腹？"

原一平像模像样地比画着说："您放心，只要您不满意，我就一定像这样一刀刺下去！"

客户笑着说："那好吧，我就看你怎样切腹了。"

"当然，我是害怕切腹的，因为那太痛苦了，所以我一定要用心介绍我的产品，让您满意！"说到这儿，原一平的表情已经变成了搞笑的模样，客户见了不禁哈哈大笑起来。

就这样，原一平用自己的诙谐幽默把客户逗得哈哈大笑了好几次，很快就拉近了与客户的距离。客户不再为难他，也愿意继续听他讲述关于保险的事情。

美国著名的销售大师乔·吉拉德拥有超人的亲和力，这是他销售成功的法宝。他曾说过一句非常著名的话："每个人都喜欢被别人接受或喜欢。"正因为如此，他在销售活动中坚持每个月至少向13000名客户寄问候卡，而且每个月卡片的内容都有变化，而卡片的正面印有"我喜欢你"这一点是一直未变的。

对销售人员来说，要想让客户产生好感，前提就是具有亲和力，亲和力有了，友谊也就产生了；友谊产生了，销售也就成功了一大半。

> **沟通技巧**
>
> 亲和力虽然表现得"和气"，却是富有力量的，这种力量便是对立和冷漠的化解。客户总是难免心存疑虑，并用冷漠和怀疑来保护自己。销售人员要学会展现自己的亲和力，穿透客户的保护外衣，直达客户的心灵深处，拉近与客户的距离，促使销售过程进一步缩短。

五、运用 30 秒注意力原理，快速俘获客户心智

人们不喜欢琐碎，也不喜欢长篇大论的沉闷无趣。时间是沟通中的宝贵资源，更是销售中不可浪费的珍宝。

人们在一定的语言交流中只能捕捉到有限的信息。也就是说，即使客户有充分的时间听你讲话，他也不可能把你说的话都听进去。因为人们的持续注意力一般只有 30 秒，超过 30 秒，就很有可能进入"神游物外"的状态。

做一个小测验，如果这时你在房间里，那么请环视你的房间，把注意力集中在一盏灯上，差不多到了 30 秒，你的注意力就会不由自主地转移到其他的东西上。如果这盏灯带有音乐或者可以移动，或许能延长吸引你注意力的时间。

这就是"30 秒注意力原理"，这种原理被广泛运用于广播和电视广告当中，很多电视或广播广告，长度一般不超过 30 秒。

因此，在与客户沟通时，销售人员要尽量在 30 秒内被对方记住，吸引对方的注意力。在与客户沟通之前，要先问自己以下问题：

（1）我要说什么？
（2）我的策略依据是什么？
（3）我要表达的中心是什么？
（4）我需要采用哪种表达方式才最有可能达到目的？
（5）我能否提供足够充分的论点来论证我的观点？
（6）是否还有其他可尝试的表述方式？
（7）我这样表述是否符合客户的需要？

想在短短 30 秒内赢得客户的青睐和信任，必须要让对方注意你，因此，要提前揣摩客户的心理。要知道，客户没有时间和你反复论证，他只关心结果；客户也没有时间和你反复沟通，他只关心自己的利益。

案例 5　因为失去大客户，麦肯锡公司总结出"30秒电梯理论"

麦肯锡公司是一家大型的咨询公司，业界著名的"30秒电梯理论"便是由麦肯锡总结出来的。该理论的诞生与麦肯锡公司的一次失败有紧密的关联。

麦肯锡公司曾为一家大客户做咨询，咨询结束的时候，麦肯锡公司的项目负责人在电梯间遇到了对方的董事长。这位董事长问负责人："你能不能说一下现在的结果呢？"

负责人没有准备，就算有准备也无法在短短的电梯从30层到1层的几十秒内说清楚。毫无疑问，麦肯锡公司最终失去了这个大客户。

从此以后，麦肯锡公司要求员工对任何事都要做到在最短的时间内把结果表达清楚。麦肯锡公司还总结：一般情况下，人们最多记得住三条信息，所以归纳信息要在三条以内。这便是在商界流传甚广的"30秒电梯理论"的来源。

在互联网时代，注意力经济正变得越来越重要。如何在30秒内打动客户的心？这是一个非常值得探索的问题。我们可以分析一下成功的网络大V是如何清晰且快速地表达出自己的观点的。

罗辑思维——关注罗胖，让你每天比别人知道多一点儿。
新世相——每天最后一分钟，提供有物质基础的都市生活价值观。
秋叶PPT——每天一个技能，坚持成为大神。

你是否注意到其中存在的规律呢？

没错，能够迅速抓住客户心智的观点就是能形成行动导向的观点，由"行动"和"获利"两个方面组成。

小的时候我们经常听到老师说："好好学习（行动），天天向上（获利）""锻炼身体（行动），增强体质（获利）"。这些"只要……就……"或者"只有……才……"的句子构成了具有行动导向的观点。

当然，除了简洁清晰的表述，让自己变得有趣也是对抗客户注意力转移的好方法，这就要求销售人员每隔30秒做出一些变化。销售人员可以尝试让自己的语言和动作有所变化，只要勤学多练，就一定可以显著提升语言影响力，增加自身的吸引力，将销售成功进行到底。

> **沟通技巧**
>
> 短短的30秒是销售人员获取客户注意力的关键。销售人员要想吸引客户的注意力，必须在30秒时间内将客户想要知道的信息传达出去，绝不浪费客户和自己的时间，精准、高效地以"行动+获利"语言模式俘获客户的内心。

六、谈客户感兴趣的事,和客户交流要能对上频道

我们大多数人对陌生人都怀有一种抵触情绪,存在一定的戒备心理,这是人类心理的一种自我保护机制。

因此,销售人员见客户必须跨过这一步,也就是说,销售人员必须解决客户存在戒备心理这一问题。因为戒备心理会阻碍双方的交谈,不利于销售活动进一步开展。

怎样才能让客户喜欢与自己交谈呢?最好的方式就是找到客户感兴趣的话题,使客户自然地融入和谐的谈话中,打破冷场,拉近彼此的心理距离。在与客户谈话前,销售人员最好能先了解客户的性格,然后根据当时的气氛和其他实际情况调整自己的说话内容。

案例6 销售人员屡吃闭门羹,后来通过射击话题赢得客户

田海坤是某汽车销售公司的推销员,在一次汽车展销会上认识了一位潜在客户。通过细致的观察,田海坤觉得这位客户对越野汽车十分感兴趣,而且品位极高。

田海坤将产品手册交给客户,但客户一直没有给他回复。田海坤曾经两次给客户打电话,但客户一直说自己工作很忙。田海坤想把约见看车的时间定在周末,可客户又说周末要和朋友到郊外的打靶场射击。

田海坤发现原来客户爱好射击。于是,田海坤查找了大量有关射击的资料,还对周边地区的射击场进行了考察,并且掌握了射击的基本功。

再次给客户打电话时,田海坤没有谈到销售汽车的事情,而是告诉客户自己无意间发现了一家设施齐全、环境优良的射击场。就这样,田海坤和客户约定了见面时间。

在见面的过程中,田海坤对射击发表了自己的看法,凭借自己对射击知识的了解让客户刮目相看,引为知音。

在回市区的路上,客户主动谈到自己喜欢的是豪华越野汽车,田海坤趁机说道:"正好我们公司刚刚推出一款豪华越野汽车,是目前市场上最有个性和最能体现个人品位的汽车……"

毫无疑问,田海坤通过这次沟通顺利地拿下了订单。

卡耐基曾经说过:"钓鱼需要选择鱼饵,你喜欢吃寿司,但把寿司放在鱼钩上是不会钓到任何鱼的。因此,你再不情愿也要用鱼喜欢吃的东西做鱼饵。"这句话的意思是说,不管你对某个话题有多大的兴趣,有多深的知识,如果客户不感兴趣,你说得再多也是白费力气。

因此,客户喜欢什么,你就聊什么,找到与客户交流的契合点。这就需要销售

人员放弃以自我为中心的思维方式，在话题和爱好上贴近客户。当然，这种贴近也需要条件，就如上面案例所讲，销售人员要想谈论客户感兴趣的话题，自己也要对这个话题有所了解才行。

那么，销售人员应该从哪些方面找到与客户沟通的话题呢？可以从以下几个方向入手。

① 谈论客户的爱好

② 谈论时事新闻

③ 谈论客户的孩子，如上学、作业和玩耍等问题

④ 和客户一起怀旧，谈论客户的故乡或者往事

⑤ 谈论客户的身体，提醒客户注意自己及其家人的身体健康

跟客户谈其感兴趣的话题是一种情感投资，是一种"攻心为上"的销售技巧，让销售活动变得有人情味，使客户感到温暖，从而更易接受之后的销售活动。因此，销售人员在与客户沟通之前十分有必要对客户的爱好和兴趣进行研究与分析。

沟通技巧　放弃以自我为中心的思维方式，努力寻找客户的兴趣爱好，并补足自己的知识短板，向客户看齐，贴近客户，这是一种情感投资。销售人员必须明白一个道理：要想让客户欣赏你，就必须谈论客户感兴趣的话题。

七、寻找客户的闪光点，握好赞美这把"万能钥匙"

原一平曾说："赞美是畅通全球的通行证。"每个人都渴求被赞美，只要能够满足客户被赞美的心理需求，客户的心田中就会增加更多有利于和你做成生意的种子。

找准赞美点，客户露笑脸。赞美与奉承不同，赞美需要一颗真诚的心，不要害羞，勇敢地说出客户发光的一面，对客户形成强烈的冲击力，让其感到自己是一个

大人物，这会给客户带来无与伦比的价值感，并使客户欣赏我们。

准确赞美客户，让客户受用，需要注意以下几个方面。

1. 赞美要具体

赞美一定要真诚，而真诚的表现形式则是具体。敷衍的赞美无非是"很好""你真漂亮"之类的话，客户或许早就听腻了，而且根本不能从中感受到销售人员的赞美点。赞美越具体，就说明你对客户越了解，而客户对"知己"从来都没有抵抗力。

2. 赞美要适度

赞美不能太随便，更不能过度。过犹不及，过度的赞美只是虚情假意，无端夸大，客户不能从中感受到销售人员的诚意，因而会降低对销售人员的好感度。因此，赞美要恰如其分，掌握尺度，选择适合的场合。要记住，得体的赞美之词需要娓娓道来才能达到效果。

3. 要找准值得夸赞的地方

一定要摸清客户的具体情况再进行赞美，如果对方根本没有你所夸赞的特点，你却大肆夸赞，就很容易招致客户反感，甚至以为你是在讽刺他。

案例7　销售人员夸赞不当，结婚新人愤怒将其赶走

刘海涛是一名销售人员，最近他的一位客户发来结婚请柬，邀他参加结婚宴会。

当刘海涛到达客户的新婚宴会时，他一眼就发现客户的新娘长得一点儿也不好看，而且腿脚也不利索。

为了让客户高兴，他决定要赞美一下这位新娘，让客户面子上增光。于是，他走到新娘的面前夸奖道："新娘真漂亮，貌若天仙，像个大明星似的！"

刘海涛以为客户会很高兴，没想到客户把脸一沉，没有搭理他。刘海涛觉得肯定是自己没有把话夸到位，毕竟是结婚的日子，谁不想喜庆一点儿呢？

于是，他走到客户身旁，笑着说道："我真羡慕你能娶到这么一位完美的老婆，瞧我，现在还打着光棍呢！"

其实，客户根本没有听他说最后的话，而是生气地将他推开，让其他朋友把他轰出去了。最终，这位客户还取消了订单。

4. 赞美话不能生搬硬套

有的销售人员看到别人通过赞美获得了客户的认可，最终签下订单，以为他们说的赞美话是万灵药，就记录下来，练得滚瓜烂熟，然而一旦见到客户，这些套话却毫无用处。

虽然人人都希望被赞美，但赞美须符合现实，一旦没有符合现实，客户就会产生疑问："他说的是我吗？"同时，客户还会得出一个结论："这是一个虚伪的人，他说的话不能相信，他推销的产品就更不能相信了。"

因此，赞美话要因人而异，具体问题具体分析，切不可偷懒图省事，用套话糊弄客户。

5. 借他人的话赞美

有时间接赞美会比直接赞美获得更好的沟通效果，比如借第三者的口来赞美客户，例如"听刘亮说您越来越漂亮了，我起初还不信，现在见到您我才后悔当初自己说了那样的话。"

间接的赞美可以避免恭维和奉承之嫌，客户听了心里会感觉更舒服。

6. 给竞争对手一个赞美

竞争对手的存在是使自身变得更加强大的推动力，一定要及时了解竞争对手为什么成功和犯过什么错误，然后扬长避短。在向客户推销产品时，如果遇到与竞争对手的产品做比较，千万不要批评自己的竞争对手，这可能会导致客户的反感。

在推销过程中遇到竞争对手要做到以下几点。

（1）绝不说竞争对手的坏话，哪怕客户说了他们的坏话，销售人员也不能说。

（2）称赞竞争对手的优秀，对其表示敬意。

（3）强调自身优点，展示自身比竞争对手更强。

> **沟通技巧**
>
> 夸赞与奉承的区别在于是否真诚。当你真诚地夸赞客户时，客户也会热心地接待你，给你一个满意的回报。每个人都有虚荣心，用赞美满足客户的虚荣心，客户也会通过行动来补偿你对他的赞美，而且会在潜意识里对你产生亲切感，因此更容易成为长期客户。

八、耐心回答，客户的每一个问题都蕴含着成交的可能

销售不是快节奏的事情，应该保持一颗稳定不浮躁的心。

第一章
把话说到客户心里去，销售产品前先"销售自己"

销售人员售卖产品的同时也是在向客户提供服务，这其中就包含了为客户解答问题，耐心和真诚地对待客户。客户的问题蕴藏着成交的可能，因为只有客户对产品感兴趣，才会提出各种各样的问题，比如产品的性能、外观、材料、使用方便性，以及售后服务等。销售人员在回答客户的问题时一定要耐心和贴心，这样才能够换来客户的好感和信赖。

为了一时之利而欺骗客户，做"一锤子买卖"的销售人员，无疑无法维系与客户的长久合作关系。

销售人员的耐心一方面表现了对客户的尊重，另一方面也体现出销售人员的专业性。当客户获得销售人员的耐心回答后，一般会增强购买的信心和欲望，使整个销售活动向友好而和谐的方向发展。

案例8　电脑销售人员为客户详细讲解产品优势，促成订单

董路海是一家电脑公司的销售人员。他打电话给客户："您好，王经理，我是之前和您联系过的电脑销售员，就是上次和您洽谈订购我们公司电脑的小董，您还记得吗？"

"哦，记得。你好，小董，你推荐的电脑我看过了，机器的性能不错，外观也很好，但我还是想再考虑考虑。"王经理回答道。

"是的，您作为经理，考虑问题一定要仔细周密，请问您考虑的是哪些方面呢？"董路海问道。

"是这样的，你们这款电脑售价有些高。我问过其他公司，他们的电脑配置和你们的差不多，售价要低1000元呢，这个价格差距可不小。"王经理这样解释道。

董路海没有与王经理争辩，而是问了王经理一个问题："除了价格，您最关注的是哪些方面呢？"

"当然是售后服务了。这一点也不能忽视。"

"那么您了解我们公司的售后服务情况吗？"

"不清楚，不过我最关心的是你们的技术支持工程师什么时候下班。"

"我们公司的技术支持工程师每天晚上11点才下班，而且他们保证每天24小时手机开机，一旦有紧急情况就可以马上处理，随叫随到。"

听了这些话，董路海觉得王经理有些动心了，于是又问道："王经理，您看我们的产品质量很好，技术支持服务也很好，虽然价格偏高，但性价比也很高啊！您还有什么犹豫的呢？"

"我在考虑买兼容机还是品牌机,毕竟品牌机在价格上要贵得多。"

"我知道您这样想是为了给公司节省开支,这种想法可以理解,但兼容机非常容易出问题,虽然可以提供售后服务,但也很麻烦,容易耽误事。品牌机性能稳定,不容易出问题,从长远来看还是品牌机好。"董路海耐心解释道。

王经理动了心:"嗯,我也是有这样的考虑,感谢你为我们公司着想。你再给我说说你们公司品牌机的具体情况吧!"

于是,董路海抓住机会向王经理详细地介绍公司的产品,最终使王经理下决心从他这里购买。

销售人员与客户之间并不是对立的关系,而是互惠互利的,只要能认识到这一点,销售人员就能树立起耐心为客户解答问题的信念。在销售中为客户真诚而耐心地介绍产品,客户会感受到来自销售人员的诚意,然后向其传递出自己的好感和信赖,销售活动也就能在友好和谐的氛围中完成了。

> **沟通技巧**
>
> 耐心回答客户问题,实际上就是在设身处地为客户着想。这不仅客观上解除了客户对产品的疑虑,体现了销售人员的专业性,还使客户在主观情绪上对销售人员更有好感。客户会因此认为销售人员有责任心,从而下决心购买产品,以回应销售人员的善意。

九、幽默风趣,让客户在开怀大笑中接纳产品

多一点儿幽默,少一点儿苦闷;多一点儿幽默,少一点儿偏执。幽默语言是一种特殊的语言艺术,可以减轻人的消极情绪,缓解痛苦,带来欢乐。懂得运用幽默语言的销售人员,充满情趣,会使人感到和谐愉快,销售也自然更容易成功。

在销售过程中,客户容易充满戒备与敌意,销售人员适当运用幽默的技巧,就可以消除客户的紧张情绪,使整个销售过程轻松愉快,充满人情味。

因此,销售人员要想在销售时游刃有余,不仅需要具备良好的心态、专业知识和技能,还要懂得使用幽默的语言使客户在欢声笑语中接纳你,决定购买你的产品。

案例9 原一平自夸身材,客户哈哈大笑,最终爽快下单

原一平天生矮小,他常常为自己的身材而苦恼。不过后来他终于想通了,现实是不能改变的,只有坦然接受,然后设法将缺点转化为优点。

第一章
把话说到客户心里去，销售产品前先"销售自己"

原一平的上司高木金次曾对他说："体格魁梧的人，相貌堂堂，在拜访客户时容易获得别人的好感，而身材矮小的人在这方面要吃亏得多。我和你都属于这种矮小的身材，我认为必须依靠表情取胜。"

原一平深受启发，从此以后他就以自己独特的矮小身材，再配上苦练出来的幽默语言和表情，经常在向客户介绍情况时把他们逗得哈哈大笑，让客户觉得他可爱可亲。比如，有一次他去推销保险业务时就有这样的对话。

"您好，我是明治保险公司的原一平。"

"哦，明治保险公司啊，你们公司的推销员昨天才来过。我最讨厌保险了，我昨天就拒绝他了。"

"是吗？但我应该比昨天那位同事英俊潇洒得多吧？"

"哈哈，昨天那个销售人员长得很魁梧，又瘦又高，比你好看多了。"

"人们不都说'矮个子没坏人''越小的辣椒越辣'吗。而且'人越矮，漂亮姑娘越爱'啊，这句话可不是我创造出来的哦！"

"哈哈，你这个人真是太有意思了！"

就这样，原一平与客户交谈之后，客户就消除了戒备，生意就这样很快做成了。原一平正是凭借着出色的幽默推销术连年获得日本全国最佳推销业绩，被人们称为"推销之神"。

那么，销售人员在使用幽默技巧时需要注意哪些问题呢？

1. 幽默要适度

幽默能带来快乐，化解客户对销售人员的敌意，但在运用幽默技巧时一定要掌握分寸，不能过度，否则会给客户留下轻浮和不可靠的印象。

2. 幽默内容要适宜

幽默不是简单地讲个笑话就可以的，一定要符合当时的情境，并且要措辞准确，避免误会。而且幽默的内容不要涉及客户的私人问题，那样就等于是在嘲讽客户，会让客户觉得销售人员没有尊重他。如果引起客户不快，销售人员自然也只能无功而返了。

3. 幽默时别板着脸

幽默意味着开心，但如果讲述者总是板着脸，嘴上在说幽默内容，表情却是愁苦模样，这会让客户以为是在嘲讽他。微笑起来，让客户知道我们的幽默是善意的，是为了让对方开心，只有这样客户才能接受幽默，才能增进双方之间的关系。

4. 幽默要围绕交易目的

销售人员与客户交谈的目的只有一个，那就是达成交易。有些销售人员相当幽默,开玩笑的手法也非常高明,但一开起玩笑来就不着边际,将客户的思路越拉越远,直到最后忘记了谈话的目的,最终导致交易失败。

5. 幽默要因人而异,因地而异

幽默固然可以舒缓客户的情绪,但不分青红皂白地给客户来一段幽默笑话,撞枪口的概率也是不低的。在打算向客户讲述一些幽默笑话来舒缓氛围时,一定要先分析客户是否喜欢幽默,以避免激怒对方,导致不欢而散。有的客户喜欢直截了当、一本正经,这时就不要再刻意幽默。

幽默也要分场合,如果是在比较严肃的场合,比如会议室或者商谈比较重要的事情时,幽默会与场合的气氛产生冲突,因此在这类场合不适宜幽默。

总之,幽默是建立在丰富知识基础上的一种智慧的表现。一个人只有具备丰富的知识,开阔的视野,然后灵活运用,才能做到谈资丰富,妙趣横生。因此,销售人员要广泛涉猎,充实自己,不断在生活或实践中学习和感悟,这样才能让幽默成为促进销售的推动力。

> **沟通技巧**
>
> 幽默的人走到哪里就会将笑声带到哪里。如果销售人员是一个幽默风趣的人,在销售过程中便可以给客户带去很多快乐,使客户倍感轻松,那么与客户达成合作或成功销售产品的目的就很容易实现了。

第二章

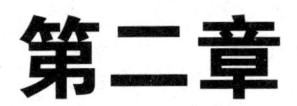

会说的不如会听的，80%的业绩是靠倾听来完成的

对销售人员来说，听与说都是非常重要的营销手段。说，贵在使客户信服，拿出理由让客户心甘情愿地购买产品；听，则是使客户舒服，竖起耳朵，让客户主动地诉说与销售有关的重要信息，然后为己所用。倾听，是一种销售杠杆，给销售人员一个信任的支点，它便足以撬动客户的心理磐石。

一、学会适时闭嘴，倾听是对客户最好的尊重

倾听是对客户最好的尊重，倾听是礼貌，认真倾听会让客户欣赏你，信赖你。

倾听能够获得客户的好感还来源于"互惠原理"。销售人员十分耐心地倾听客户的抱怨，客户因此舒缓了心情，客户说完以后就会产生回报的心理，会用其他手段来弥补倾听的销售人员，因此倾听之后成交的可能性更大。

案例10　汽车销售人员耐心倾听客户抱怨，换来两份订单

大型货车销售人员李凯去拜访一位曾购买过他们公司汽车的客户。刚一见面，李凯习惯性地先递上了自己的名片："您好，我是汽车公司的销售人员，我叫李凯……"他还没有说完，客户就十分生气地打断了他的话，然后开始抱怨当初买车时遇到的各种问题，比如服务态度不好、价格虚高、内装及配备不实、交接车时间太久等。

客户一直喋喋不休地数落着李凯所在的公司和当初向他售卖汽车的销售人员，而李凯则十分安静地站在一旁，耐心地倾听客户的抱怨，一句话也没有说。

最后，客户终于把怨气发泄完了，这才想起李凯，他觉得李凯有些陌生，便不好意思地对李凯说："小伙子，你贵姓呀，现在有没有好一点儿的车型？我看一看产品目录吧。"

当李凯走出客户的办公室时，已经兴奋得几乎要大喊出来，因为他手上拿着两台大型货车的订单。

其实，从李凯拿出产品目录到客户决定购买货车，整个过程中李凯说的话加起来都不超过十句，大型货车的交易达成还是由那位客户提出来的。客户说："我看你非常实在，能听我这么多的抱怨，有诚意，很尊重我，我决定向你买车。"

销售人员要学会克制自己想要说话的冲动，在适当的时候让嘴巴休息一下，多倾听客户的意见，一定会因此获益。

那么，应该如何掌控倾听的时机呢？

很多销售人员在推销产品时，70%的时间都是在向客户讲话，客户只有30%的

时间能够说话，而这样的销售人员一般不会有太突出的业绩。顶尖的销售人员早就总结出了一条规律：听与说的比例应该为7∶3。也就是说，70%的时间应该留给客户去说，自己倾听，而30%的时间留给自己讲话，向客户提出建议、问题和鼓励，这便是"两只耳朵一张嘴"法则。

销售人员一定要记住这条忠告：当你发现自己说话的时间超过了45%，一定要当机立断，赶快闭嘴。

案例11　客户家人不爱听她唠叨，销售人员耐心倾听终获订单

郑来飞是一家食品公司的销售人员，曾多次获得公司销售冠军的称号。一天，他去客户家里推销公司新推出的芦荟精，但客户似乎不感兴趣。郑来飞没有气馁，细心地观察客户家的客厅。

阳台上的一个美丽盆栽吸引了他的目光，他说道："好漂亮的盆栽啊，我平常就没见到过。"

客户本来不怎么搭理郑来飞，这时便有了兴致，激动地说："你说得没错，这很罕见，叫嘉德里亚，是兰花的一种。这种花非常美，很优雅，看到它心情就大好。"

"确实是这样，我看到它眼前就一亮。价格应该不便宜吧？"

"那是当然，这是个宝贝啊，一盆就要4800元。"

郑来飞做出惊讶的表情："什么？这么贵啊！那你每天都要给它浇水吗？"

"对啊，我每天都细心地养育它。"

就这样，客户开始向郑来飞讲述与兰花有关的知识，而郑来飞也耐心地倾听着。

客户颇为感慨地说道："就算是我儿子都没有耐心听我讲这些，你却愿意听我说这么多，甚至还能理解我的意思，真是太谢谢你了！希望你改天还来听我讲兰花，好吗？"

最后客户从郑来飞手里爽快地购买了芦荟精。

如果有一个谈话的机会，大多数人都喜欢别人听自己说话，而不是听别人说话，而且讲话时也总是喜欢讲和自己有关的事情，而不是与对方有关的事情。因此，一个能够在人际交往中如鱼得水的人，一个能够在客户群体中处理好关系的人，在和别人说话时一定会把机会留给对方，让对方说他们关心的事情。

> **沟通技巧**
>
> 每个人都有诉说的欲望，都希望得到别人的重视和倾听，这样能够满足自己的被尊重需求。销售人员在与客户沟通时，一定要克制自己想要说话的欲望，让客户多说话，从而赢得客户的好感。

二、打消想要插话的念头，让客户把话说完

插话可不是插花，并不会让两个人的交谈变得更顺畅，反而会使谈话陷入胶着，甚至升级为"吵架"。

虽然在交谈中每个人都有发言权，但许多人过分相信自己的理解能力和判断能力，经常在别人说到劲头上时随意插话，打断对方，这样的行为有失礼貌，不但搅了对方的兴致，还会阻碍对方思路，破坏对方的情绪，引起对方的反感。

销售人员在与客户交谈时，客户颇有兴致地侃侃而谈，销售人员要耐心倾听，切不可随意插话。即使客户说出的观点全部错误，也要等他说完话，销售人员才能提出反对意见。

约翰·洛克指出："打断别人说话是最无礼的行为。"如果销售人员没有意识到这一点，无疑会伤害客户的感情，导致自己失去订单。

案例 12　客户本来想成交，却因为销售人员的插话改变决定

一家公司的新办公楼刚刚建成，装潢公司的刘海川听说这个消息以后，便前来拜访。

刘海川一见到客户就递出了名片，并介绍了自己公司在室内装潢方面的优势。客户说："虽然我们以前不认识，但通过你刚才所说的，我了解到你们公司在室内装潢方面独树一帜，有很高的权威性。假如我们公司的办公楼选择让你们公司来装潢，我相信你们能做得很好。但在你来之前，也有一家装潢公司来过我这里，向我介绍了他们公司在装潢方面的优势……"

客户的话还没有说完，刘海川就插话了："你所说的那家装潢公司我也知道，他们公司最近在装潢市场混得风生水起，但实话实说，他们公司的设计太低端了，配不上你们公司的大气。"

这句话不说还好，一说便让客户拿定了主意："不错，他们公司的设计风格的确大多数比较低端，但他们公司现在一直在发展，技术也很先进，出于他们的态度，我还是无法拒绝让他们来装潢。"

就这样，刘海川只好悻悻地离开了。

事后，那个客户与自己的朋友说起这件事："那个销售员根本没有听懂我的意思就把我的话给打断了。本来我是暗示他，他们公司的装潢技术和风格都很好，我有

很大的信心让他们来做，但来找我的装潢公司很多，不止一家。我只是想砍砍价，没想到他居然攻击他们的竞争对手，人品太差，我宁愿找别家也不找他们公司。"

在这个案例中，销售人员本来很有希望达成一桩不错的交易，最终却以失败告终，最主要的原因就是销售人员过于急躁，不等客户说完话，甚至还没有听懂客户的意思就打断客户的话。

打断客户说话是非常不礼貌的，因此在客户说话时一定要注意以下几点。

（1）不要用毫无关联的话题打断客户讲话。
（2）不要用无意义的评论扰乱客户讲话。
（3）不要抢着替客户说话。
（4）不要急于帮助客户讲完故事。
（5）不要为无关紧要的小事打断客户的正题。

销售人员在听客户说话时，如果真有些地方听不懂，或者听丢了一两句，也千万不要在客户说话的过程中突然提出问题，而应该等客户把话说完再提问，比如："很抱歉，刚才那句话您是怎么说的？"

如果客户正在说话，销售人员就急不可待地打断客户："等等，您刚才这句话能不能再重复一遍？"客户就会产生被命令或指使的感觉。

有的销售人员因为不认同客户所讲的内容，便不假思索地说："这话不应该这样说吧？"有的销售人员则是因为不满意客户的意见而急切地提出自己的见解，甚至当客户只是稍微停顿了一下时就抢着说："你要说的是不是这样……"这都是应该避免的。

因此，听人说话，务必有始有终，哪怕十分想要发表自己的观点，也要注意避免插话，在客户说完后再提出自己的见解才能始终保持顺畅的交谈。

> **沟通技巧**
>
> 客户正在饶有兴致地说话，讲到的可能是非常重要的信息，销售人员觉得自己有话要讲，就不顾客户的感受贸然插话，不仅会失去获取重要信息的机会，还会让客户很反感，觉得没有受到尊重，成交自然毫无希望。

三、收起僵硬冷漠脸，不想听的也要"感兴趣"

销售人员要懂得倾听客户说话，但倾听并非简单地竖起耳朵听，倾听要想有效，想让客户感受到你的真诚，就必须表现出倾听的专注和意向，表情冷漠、一心二用的倾听都是不可取的，迟早会被客户发现。

销售人员在倾听客户说话时，要特别注意以下三个方面。

（1）要表现出认真倾听的样子。最好在客户说话的时候认真注视他，手上不要有多余的小动作，身体也不要僵硬地保持一个姿势不变。

（2）要表现出已经听懂了客户所说的话语。当客户讲话时，销售人员可以适时通过某些动作或眼神来向其表示自己已经明白他的意思。

（3）要表现出极大的兴趣。销售人员不仅要表示自己听懂了，还要对客户的话表现出极大的兴趣，否则，客户还是会不高兴。

案例13　乔·吉拉德丢掉到手的订单，只是因为倾听太敷衍

乔·吉拉德对他的客户进行了大约一个小时的产品讲解，客户终于同意下订单，接下来他要做的仅仅是让客户走进办公室签订合同。

当乔·吉拉德带着客户向自己的办公室走去时，客户开始向他提起自己的儿子。"乔，"客户十分自豪地说，"我儿子考进了普林斯顿大学，以后他就要当一名医生了。"

"啊，真不错。"乔回答。

乔·吉拉德和客户一起向前走时开始观察其他的客户。

"乔，我儿子是不是很聪明？当他只有一岁多的时候，我就发现他天资聪颖，真是太让我高兴了。"

"那他的学习成绩肯定很好吧？"乔·吉拉德应付地说道，眼神却在向四处张望。

"那是当然，他在他们班级的成绩是最棒的，不然也不可能考进普林斯顿大学啊。"

"他高中毕业后打算做什么呢？"乔·吉拉德心不在焉地问道。

"乔，我刚才不是说了吗，他要到普林斯顿大学去学医，以后做一名医生。"

"噢，那太好了。"乔·吉拉德说。

客户惊讶地看了看乔·吉拉德，感觉他太不重视自己所说的话了，于是，客户简单地说了一句"我该走了"，便离开了乔·吉拉德的公司。乔·吉拉德还没明白自己为什么失去了这位客户，站在那里傻了眼。

下班后，乔·吉拉德整理头绪，回顾一整天的工作，分析失去客户的原因。

第二天上午，乔·吉拉德到办公室后第一件事就是给昨天那位客户打了一个电话，诚恳地询问道："您好，我想问一下，昨天我是哪里做错了，您会生气地离开？"

"你既然想知道,那我就告诉你。乔,你昨天并没有认真听我说话,对你来说我儿子当不当医生并不重要。你啊,真是太不尊重我了,你要记住,当别人跟你讲他的喜好时,你应该听着,而且必须聚精会神地听。"

乔·吉拉德到这时才明白自己失去这名客户的原因,原来自己犯了这么大的错误。

销售人员如果没有足够的耐心,便无法用心听完客户的倾诉,达成与客户的心灵沟通。每一个人都希望自己的倾诉能够获得肯定,因此,尽管有些客户在交谈时不知不觉偏离了销售主题,销售人员也要不急不躁,耐心地倾听客户的谈话。

销售人员就算对客户说的话提不起一点儿兴趣,甚至遭到客户的指责和批评,也要让自己静下心来,耐心地倾听。只有让客户感觉自己的每一句话都受到了重视,他才会心甘情愿地购买产品。其实,对客户耐心,最终受益的不只是客户,更是销售人员自己。

成功学家戴尔·卡耐基说:"在生意场上,做一名好听众远比自己夸夸其谈有用得多。如果你对客户的话感兴趣,并且有急切地想听下去的愿望,那么订单通常会不请自来。"

原一平也说过:"对销售而言,善听比善辩更重要。"

当你专注倾听客户说话,而使他像对待朋友一样和你促膝长谈时,生意自然水到渠成。从这个意义上来讲,生意不是"谈"出来的,而是"听"出来的。

> **沟通技巧**
>
> 倾听要表现出足够的真诚,不能冷漠应付,客户会真切感受到销售人员是否用心,从而根据销售人员的反应做出自己的判断和决定。倾听要专注,要表现出足够的兴趣,要使客户能像对待朋友一样向销售人员倾诉,订单就会不请自来。

四、不要惧怕,聆听是平复客户情绪的神器

人生不如意事,十常八九,销售人员在销售活动中遇到的不如意事也不少。比如,刚刚费了九牛二虎之力卖出了一件产品,没过几分钟客户就吵着要求退货;有的时候客户会故意刁难,说一些伤自尊、伤人格的话。

很多销售人员不知道该如何应对这种情况,不是逃避就是反唇相讥,客户的情绪受到了冲撞,没有得到有效的宣泄,自然更加生气,成交就变得更加无望了。

其实,每个人的一生都要经历一个从害怕到承受,再到毫无畏惧的阶段。当面对客户投诉或刁难时,销售人员唯一可以做的就是用心聆听,这样不仅可以找到问

题的根源，听到客户的真心话，也能平息客户的愤怒情绪，有利于销售成功。

案例 14　导购员因为疏忽遭到客户怒骂，却因耐心倾听而升职

胡海亮在一家商场做家电导购员，这一天刚上班就迎来了一位怒气冲冲的顾客。一位女士拿来一台电扇对他破口大骂："你还有没有良心啊？质量这么差的产品也卖给我，是不是存心害我啊？我告诉你，我要去工商部门投诉，你就等着卷铺盖走人吧！"

女士的嗓门比较高，她的叫喊声引来很多人围观。不过令人奇怪的是，不管顾客如何怒骂，胡海亮都默默地听着，而且一直面带笑容。

顾客骂了一会儿，或许是觉得累了，或许是觉得没意思，慢慢恢复了平静，不再说话。

胡海亮见状，面带歉意地说："女士，您买的电扇出现什么问题了？"

女士让他看了看电扇的插头，原来插头的一根线断了，搭在了另一条线上，非常容易造成短路。胡海亮这才想起来，原来是自己搞错了，把一位客户拿来返修的电扇当作新电扇卖给了这位女士。胡海亮向女士深深地鞠了一躬，连道对不起，围观的人都为他的真诚道歉而鼓掌。

胡海亮虽然因为一时疏忽给公司带来了一定的麻烦，但好在他恰当地处理了问题，不但没有损害公司的形象，反而让更多的顾客对公司产生了好感。公司对他的表现非常满意，很快就把他提升为售后服务部的主任。

很多销售人员会遇到以上案例所讲述的情况，不管客户说什么，销售人员都要用心去聆听，这样做能够充分证明你是一个敢于面对和承担责任的人。人生不如意的事情很多，假如一遇到难事就逃避，就很难成长。不管多么害怕听到难以入耳的话，销售人员都要有足够的耐心和包容心去倾听，当客户的怨气发泄完的时候，解决问题的最佳时刻就来了。

> **沟通技巧**
>
> 客户有怨气是再正常不过的事情，销售人员切不可娇气，听不进投诉和抱怨，而应该平静地倾听客户的不满，让客户的不满情绪得到宣泄，这样销售人员就树立起敢做敢当的形象，也能挽回企业形象，再解决客户的问题就方便多了。

五、客户说的话也要分析，不能"听风就是雨"

客户说的话就一定是他的真实想法吗？这还真不一定。

人们所说的话不一定反映他的真实所想，可能只是随口说说，或者是为了掩盖内心的真实企图。尽管客户不一定故意撒谎，但其话语并不是百分之百值得相信的。销售人员要做的就是"揭露"客户的真实想法，在倾听时仔细观察客户的动作、表情，从表面透视到他的内心。

当客户说"对"时，可能他实际上认为是错的；当客户说喜欢时，可能事实上他是讨厌的。这也并不能全怪客户，只能说明销售人员并没有帮助客户将"是与非""讨厌与喜欢"区分开。

销售人员的有效倾听以获悉真实信息为原则，如果将听到的信息不加以分析全盘接收，所得到的结果就会与预期大相径庭。

案例 15 房地产销售人员看穿总裁心思，成功出售帝国大厦

美国钢铁公司的总裁阿尔伯特·加里想要给自己的公司购买一栋新房子，当地最知名、经验最丰富的房地产销售人员詹姆斯被他请了过去。

当詹姆斯到达阿尔伯特的办公室以后，他发现这位总裁正站在落地窗前，远眺着外面的风景。外面是美丽的哈德森河，风光秀丽。总裁说道："我理想中的房子，也应该能够欣赏到这样美丽的景色，能够远眺港湾。你能帮我物色一栋最理想的楼吗？"

经过仔细的分析和预算，詹姆斯发现最理想的房子正是阿尔伯特公司所在的帝国大厦。不过，似乎他还有其他选择，帝国大厦旁边有一座华丽的新大楼，听说公司的员工都非常喜欢那栋大楼。

为了让阿尔伯特快速做出决定，免得节外生枝，詹姆斯在第二次见到阿尔伯特的时候就直接说明了自己的看法："阿尔伯特先生,我建议您直接买下帝国大厦……"

阿尔伯特非常严肃地打断詹姆斯的话："我从来没有想过购买帝国大厦，这种想法真是太疯狂了，你知道为什么吗？……"

紧接着，阿尔伯特开始讲述自己不买帝国大厦的原因，可詹姆斯发现这些原因都是无关痛痒的，不至于影响购买决策。由此，詹姆斯很快得出一个结论：阿尔伯特之所以不买帝国大厦，肯定是由于他的员工都主张购买旁边的新大楼，而他自己真正中意的正是帝国大厦。

詹姆斯坐着仔细倾听，而阿尔伯特发现詹姆斯没有反驳，自己也就停了下来，两个人一起注视着窗外，看着外边的美丽风景。

客户沟通学
这样说客户才愿意听

沉默了一会儿，詹姆斯问道："阿尔伯特先生，您当初来纽约时，办公室是在哪里呢？"

阿尔伯特沉浸在回忆中，幽幽地回答道："就在这栋房子里……"

詹姆斯又问："钢铁公司是在哪里成立的？"

阿尔伯特思考了一会儿，然后激动地说："也是在这里，就是在这个办公室成立的！"

随后两个人又沉默了一会儿，然后阿尔伯特兴奋地站了起来："公司的员工都主张搬出去，可这是我们公司的根啊，我们怎么能舍弃它呢？我们应该在这里一直住下去才对啊！"

就这样，阿尔伯特决定继续留在帝国大厦，而詹姆斯在这半个小时内没有费任何周折就顺利地把事情搞定了，做成了一笔大生意。

这个案例中的成功销售，原因就在于销售人员没有"听风就是雨"，在客户说出想法后，没有信以为真，而是仔细思考，琢磨对方的真实意图，然后分析出了客户的真实需求。

在分析客户的真实需求时，销售人员可以学习案例中销售人员的做法，通过一两个小问题刺激客户内心的隐秘需求，使其完全暴露出来，旁敲侧击地引导客户走向自己的内心，坚定自己的决心，从而达成交易。

> **沟通技巧**
>
> 客户说的话可能与其真实想法有很大的差距，销售人员切不可不加分析地全部接纳，不然只会被客户前后不一的行为打乱节奏。为了获知客户的"真心话"，销售人员可以通过询问一些小问题来刺激客户发现自己真正的需求，从而坚定购买产品的决心。

六、适时回应客户，让客户知道你在认真倾听

倾听时要专注，但专注并非一言不发，完全沉默。如果在倾听时一句话也不说，就无法形成沟通，客户得不到反馈，也会认为自己的话根本没有得到重视，从而觉得销售人员在敷衍了事，没有尊重自己。

销售活动需要销售人员和客户的双向交流，只有销售人员在说，或者只有客户在讲，都不能达成良好的沟通。在客户说话时，适当地给出一些反馈，让客户知道销售人员正在认真聆听，这样客户才有继续说下去的动力。

会说的不如会听的，80%的业绩是靠倾听来完成的

销售人员在专心倾听时，可以做出诸如"嗯、是的""你说得对""我明白你的意思"或"当然"等即时性的回应，这些用词都是销售人员在倾听时偶尔插话的关键词。

除了简短的反馈，销售人员还可以做出更加具体的反应性回答，比如"这一点对你很重要，是吧？""我能想象出你当时的感受""我能不能多了解一下其中的细节？""很多人这么看""很高兴你能提出这个问题""我明白你为什么这么说"等，以此向客户表示自己已经了解了他们的心情。

销售人员还可以用自己的经历、经验来说明对客户所说内容的理解，有时还可以适当复述对方说过的话。这些表示理解的方式都是对客户的积极回应。

案例16　销售人员在客户说话时愣神，被客户看到后遗憾丢单

贾博做销售工作已经三年了，积累了很多销售经验，曾经连续两年获得公司的销售冠军。因此，贾博被领导寄予厚望，经常接到一些大客户的资源。

有一次，领导为贾博安排了一个艰巨的任务，让他负责与商场的总经理洽谈，争取说服总经理同意从本公司大量进货。

贾博了解到这位商场总经理平日比较强势，很喜欢看侦探推理小说，为了在与客户见面时尽快拉近彼此的心理距离，贾博在拜访客户之前做了大量的功课，专门准备了一些侦探推理小说的相关知识。

当贾博如约到达商场总经理的办公室后，简单寒暄后他就十分机智地将话题引到侦探小说上。这一招果然有效，这位严肃的总经理来了兴致，把自己知道的有关侦探小说的知识和八卦都滔滔不绝地说了出来。

刚开始贾博还能应付，可是时间一长他就不行了，因为他根本听不懂总经理说的内容是什么意思。可他也不好意思说自己不懂，只好继续倾听，装作自己很懂的样子。

然而，在倾听过程中他却没有看着总经理的眼睛，也没有针对总经理谈的话题做出任何回应。后来，总经理发现只是自己一个人在说话，就停了下来，但贾博居然没有意识到。

"贾先生，我已经讲完了，可你看起来还在听我说话。你知道我说的是什么吗？"

贾博被总经理问的话惊醒了，他这才发现，对方已经不说话了，而自己还在愣神。他很后悔，哪怕自己说一句"不好意思，我看过这本书，但没有把细节看得这么透"这样的话也不至于造成这样的被动局面。

当然，贾博最终失去了这个重要的订单。

通过这个案例可以看出，销售人员在倾听客户谈话时一定要注意信息反馈，及时表达自己对客户所说的话的了解程度，可以简要复述一下客户的谈话内容，并请对方纠正。

及时地回应客户不仅能让客户获得心理满足感，使其讲出更多、更有价值的信息，还能使销售人员确认自己是否掌握客户的意思，以免出现理解偏差，导致销售失败。

> **沟通技巧**
>
> 沟通的本质就是双方及多方的信息交换，所以销售人员与客户在沟通时必须懂得反馈。如果客户一直在说，销售人员看起来也像是在听，但一直沉默不语、表情冷淡、眼神涣散，这会让客户觉得销售人员在应付差事，根本不重视这次交易，自然就不会再有兴趣继续说下去，成交的希望也就破灭了。

七、倾听中说出自己的不懂，提前消除交流障碍

古语云："知之为知之，不知为不知，是知也。"

销售人员不是神仙，也不是圣人，对于客户所说的话不可能全部都懂，如果故作聪明、不懂装懂，按照自己猜测的意思来理解客户的话，以侥幸心理来与客户沟通，很有可能会误解客户的意思，导致销售失败。

假如听不懂客户在说什么，不要觉得难为情，应该大胆地直接问一句："您的意思是……"

这一句话给客户传达了两个信号：第一，你在很认真地听他诉说；第二，你对他所说的话很感兴趣。客户会因此非常高兴，觉得遇到了能够和自己交流的人。随着你的问话，你将会获得更多的客户信息。

案例 17　销售人员一直问"您的意思是……",引出客户更多谈话

华良宇是公司里最受客户喜欢的销售人员,很多客户打电话给公司表扬华良宇博学多才、素质高。公司的其他同事很好奇,为什么华良宇能得到这么多客户的肯定?在一次公司的客户联谊会上,同事们终于知道了他的秘密。

在客户联谊会上,一个同事偶然发现华良宇和一位新客户正坐在一处角落里。这名同事想要知道华良宇是怎样与新客户沟通的,因此远远地观察了一段时间。他发现客户一直在说,而华良宇似乎没说一句话,只是偶尔笑一笑,点点头。过了一会儿,华良宇和客户起身,互相碰了杯酒,然后互相告辞。

第二天一早,公司接到那位新客户的电话,又是夸奖华良宇的。观察他们两人谈话的那位同事很奇怪,见到华良宇时禁不住问道:

"昨天晚上我在客户联谊会上看见你和新客户在一起谈话,怎么今天他就打电话来夸赞你?你是怎么做到的?"

"其实很容易。"华良宇说,"我问他:'您是怎样看待我们这个行业的?'

'前景不错,以后几年里这个行业将会成为新的热点。'客户告诉我。

'您的意思是……您能详细地跟我谈谈吗?'我说。

'当然可以。'他回答。我们就找了个安静的角落,接下去的一个小时他一直在谈论我们公司业务领域的前景。

客户说他很欣赏我的才华,认为我是一个有才华、有意思的谈伴。但说实话,我整个晚上没说几句话。我只是一直问他:您的意思是……"

有很多销售人员抱怨与客户沟通简直比登天还难,无法了解客户的内心需求。销售人员与客户之间充斥着不解和疑惑。然而最复杂的问题往往最简单,当销售人员对客户说的话充满疑惑的时候,不妨真诚地问一句"您的意思是……",这样一切问题就迎刃而解了。

在倾听客户谈话时,正确地向客户提问能够使销售人员少走很多弯路,能够及时化解自己心中的疑惑,避免之后的交流障碍,更能给客户留下良好的印象。多提问还能了解更多与客户有关的信息,掌握谈话的主动权。

> **沟通技巧**
>
> 销售人员不是神仙,不可能对所有事情都了如指掌,不懂客户说的话不要紧,更不必觉得难为情,要自然地向客户询问一句"您的意思是……"。这样不仅让客户感受到来自销售人员的重视,也可以及时弥补销售人员在某方面的不足,避免之后的沟通障碍。

八、与客户共情，别让你们的情感不在同一频道上

心理学有一个专业词汇——共情，指人与人在存有差异的情况下，能够在很短的时间内在同一种情绪中对话，互相感知、理解和分享彼此内心世界的能力。

这样说起来或许过于专业，换句话说，共情就是设身处地、将心比心，即所谓的"同理心"。拥有共情能力的人，能够设身处地体念他人的处境，感受和理解他人的情感。

销售这个行业是与人交往的行业，充分体现了与人交往的艺术，而与人打交道就要善于洞察人心，才能与客户建立起信任关系。建立关系是销售的第一步，而共情则是这一步的关键。

共情需要了解客户的情绪和想法，所以销售人员必须学会倾听客户说话，通过客户的讲述了解其内心感受，并能用自己的语言表达出来，以此表明对客户内心感受的感知和认可。因此，销售人员一定要暂时放下自己的感受，以开放和接纳的态度面对客户的想法和情绪。

网络上曾经流行过一张T恤的照片。那件T恤上面用中英文双语写着"我就是想看看，我什么也不买，我也没带钱，所以不用理我，谢了。"这张照片被网友转发并调侃"一定要来一件"，大家都觉得，穿着这件T恤就不会被导购烦到了。为什么导购会让很多消费者感到反感呢？原因就在于导购的一厢情愿，他们太在乎如何把产品卖出去，太在乎销售业绩是否达标，而忽略了消费者的感受。导购只想把产品推销给顾客，但顾客凭什么接受？很多导购之所以出现上述问题，就在于他们缺乏共情能力，没有理解顾客，而是不由分说地推荐产品。

不仅是导购，很多行业的销售人员都犯过这种错误。我们知道，倾听是每一名销售人员的责任和职业自觉，但很多销售人员在倾听的过程中喜欢以自己的感受来判断或猜测客户的想法，这样的做法会让客户以为销售人员对他没有足够的重视，反而加大了销售人员与客户之间的距离。

案例18　餐厅连锁店培训师临别之前，为店员上了一堂"共情"课

韩晓辉加盟了一家日式餐厅连锁店。在正式开店之前，日本餐厅总部派来一名年轻的培训师帮助他培训店员。

这名来自日本的年轻人做事认真、干练，仅用三天时间就讲清楚了餐厅的服务注意事项和各种要求，连各种食材的比例都介绍得很细致。韩晓辉对他的这股认真

劲儿非常欣赏。培训结束后,韩晓辉决定好好招待招待这名培训师,感谢他对培训的尽职尽责。

这名培训师建议在韩晓辉自己的店聚餐,而且在点餐之前把所有的店员都集中到了大厅,然后微笑着对他们说:"今天,谢谢大家的款待,也谢谢大家在这几天里给予我的帮助和支持,更要谢谢你们留给我的美好回忆。"

他对各位店员深深地鞠了一躬,接着说:"请问,大家有谁能看出我今天的心情是好还是坏呢?"

由于店员们早就和这名培训师很熟悉了,所以就没有顾忌,开始七嘴八舌地提出自己的意见和想法,但大家的总体想法还是一致的,都认为培训师的心情非常好。

培训师问:"为什么大家觉得我的心情很好呢?"

店员给出的理由很多,比如"我觉得你圆满完成了任务,心里当然感到高兴。""我觉得你马上要见到自己在日本的亲人了,应该感到高兴。""我觉得你来到中国,不但为我们培训了很多技巧和知识,也学会了很多中国的东西,很有收获,肯定很高兴。"

培训师和店员一一握手之后,看着大家说道:"告诉大家,我今天的心情非常不好。"

所有人都感到不可思议,因为从培训师的表情、语言和动作来看,他应该是高兴的。

培训师动情地说道:"我马上就要离开中国,离开你们了,我十分舍不得,觉得很难受。很遗憾,你们都猜错了。这也正是我想要告诉大家的,千万不要用'我觉得'来猜测任何一名客户的心情,不要用自己的感受来代替客户的感受。这是我在这里的最后一堂培训课。"

销售人员在与客户沟通时,不要单单从客户的表情、神色、语言中判断客户的内心感受,这些外在的东西经常欺骗销售人员的眼睛。

销售人员的职责不仅是倾听,还要在倾听的过程中全身心地投入到对方的谈话情景中,学会换位思考。当销售人员能够站在客户的角度看待问题时,也就真正了解到客户最真实的感受了,由此顺藤摸瓜,客户的需求痛点也就浮出水面了。

> **沟通技巧**
>
> 销售人员要培养自己的共情能力,不能想当然地用"我觉得""我以为"的思维来判断客户的想法。销售人员要善于倾听客户,从其话语中感知客户的真情实感,并做出适当的回应,让客户知道自己的感受引发了共鸣,从而使其透露更多的信息,最后抓住其需求的痛点。

第三章

掌控谈话局势，
让客户在潜移默化中靠近成交

> 客户的思路被销售人员引导不是一件不可思议的事情，通过提问、身体语言、阐述以及气氛的营造，销售人员可以掌控谈话局势，悄悄地影响客户的心理活动，使其在潜移默化中靠近成交。

第三章
掌控谈话局势，让客户在潜移默化中靠近成交

一、把握住谈话方向，让客户一直跟着你的思路走

曾经有下面一则笑话。

甲让乙不停地说"老鼠"两个字，乙说："老鼠，老鼠，老鼠，老鼠……"等到乙说了很多遍以后，甲突然问乙："猫怕什么？"乙不假思索地说："老鼠。"

这则笑话深刻地揭示了惯性思维的巨大力量。所谓惯性思维，是指人们从事某项活动时一种预先准备好的心理状态，能够对后续活动产生深刻影响。

惯性思维如果出现在销售人员身上，无疑是销售人员工作的大忌，而客户出现惯性思维对销售人员来说则是好事，因为销售人员可以利用客户的惯性思维成功地引导客户，使其购买自己的产品。

心理学上有一个重要发现，假如销售人员能够连续问客户6个问题，并且让客户的回答一直为"是"，那么销售人员提出的第7个问题也很容易得到客户的肯定回答，这种方法就是"6+1"提问法。

案例19　销售人员连续提问，客户一直点头同意，最后轻松成单

王海根据公司的安排，前往客户家里拜访。他早已有所了解，公司的很多同事都在这个客户面前碰了一鼻子灰，因此他决定采取一个不同于以往的销售策略。

当王海到达客户家里后，与客户进行了简短的寒暄，然后就进入了正题。不过，他没有直接推销公司的产品，而是先向客户提问。

"请问，您是否认同生产的效率提高能够增加利润？"

"是的，当然了，生产率提高了，利润自然就增加了。"

王海说："从目前的市场行情来看，您是否认同技术改革对生产畅销产品十分有利？"

客户："嗯，是的，可以这么说。"

王海："之前贵公司进行技术更新以后，对产品的生产起到过帮助吗？"

客户："当然有帮助了。"

王海："那如果再次引进新的机器，能够让您公司的产品更出色，是否更有利于提高贵公司的市场竞争力呢？"

客户："当然了。"

> 王海："看来您是一个具有很强前瞻性的企业家，我们公司就有一批新机器，如果您能够按照我们的方法进行试验，并且可以取得很好的试验结果，那么您愿意为厂里添置一批这样的机器吗？"
>
> 客户："当然愿意，不过你们的产品价格一定要合理才可以。"
>
> 王海："我这儿有一份价目表，您看行吗？"
>
> 客户："嗯，可以考虑考虑。"
>
> 王海："那我再给您介绍一下产品的特点吧。"
>
> 客户："好的。"

就这样，王海通过把话题集中在生产效率上，运用一个又一个的问题引导客户进行肯定回答，最终使客户接受了产品的优点和价格，签订了一份为期2年的订单。

让客户说"是"意味着双方的交流沿着一条既定的轨道运行，比普通的交流要更有效。这样做可以避免在一开始就谈论到双方存在分歧的事情，以免使谈话气氛变得紧张，阻碍谈话的顺利进行。让客户说"是"，强调双方都同意的事情，而且要不断地强调。

在此需要强调的是，要想获得客户的肯定回答，销售人员要保证自己的话能使客户信服。这就要求销售人员有足够扎实的专业知识以及良好的口才，而且要规避主观性的问题。

> **沟通技巧**
>
> 销售人员要是能够从沟通的一开始就让客户不停地说"是"，销售也就成功了一半。销售人员想让客户跟着自己的思路走，可以运用"6+1"提问法引起客户的惯性思维，使客户不知不觉地同意最后的成交建议。

二、让客户想象获得产品的好处，他就会忍不住购买产品

衣服陈旧、手机损坏、学习知识、结婚买房……生活中存在太多的消费场景了，而这些场景的共同特点是，产品能够满足客户的真实需求，并且客户在购买之前就已经在想象获得产品之后的种种好处。

买东西需要花钱，所以对于那些不急用或者不能给自己带来现实利益的产品，人们是不会去买的。因此，销售人员要让客户看到产品能够为他带来的好处，只有这样才能说服客户购买产品。

其实，人们在购买商品时在意的不是商品本身，而是商品对自身问题的解决和对自身需求的满足。他们希望通过支付费用来获得销售人员手中的方案和效益。按

第三章
掌控谈话局势，让客户在潜移默化中靠近成交

照商品等价交换原则，客户愿意付出的金钱是以从销售人员手中获得好处的多少来衡量的。

销售的产品或服务中，肯定存在客户想要得到的利益需求点，销售人员要做的就是揭示产品或服务能够为客户带来的利益，进而说服客户，使其相信在购买产品或服务后就会享有这些利益，使自身的需求得到满足。

销售人员可以通过倾听或提问挖掘出利益点，如果客户迟迟没有下定决心购买，销售人员可以把购买后实现的好处讲给他听，以促使客户下决心。

案例 20　让客户想象炎热夏季有空调的享受，销售人员卖空调不费力

刘成刚是一位推销空调的高手，他从来不滔滔不绝地向顾客说一些"天气这么热，要是没有冷气，该有多难受"之类的套话。他知道很多时候客户不是完全因为产品好才购买，而是恰好有了需求才会觉得产品好，想要购买。如果没有需求，产品再好客户也不会买。

因此，在向客户推销空调的时候，他总会让那些有潜在需求的客户想象自己刚从暴晒的阳光下回到没有空调的家里，诚恳地对客户说："您在炎热的环境下挥汗如雨，工作完之后回到家里想要好好休息一下，当您打开房门时，迎接您的却是更加闷热的蒸笼，刚刚擦掉脸上的汗珠，额头上很快就有汗水了。您打开窗子透风，发现一点风都没有，吹电扇，风却是热的。这样您本来就劳累的身子显得更加疲惫。您想一想，如果您一进家门，迎面吹来的是一阵凉风，那将会是一种多么惬意的享受啊！"

一般而言，刘成刚在这样描述有空调的好处后，客户很快就同意购买了。

在挖掘客户的需求时，销售人员应该正确地使用引导语，方法如下。

1. 语言引导要有目的性

挖掘客户的利益点的过程，也是对客户进行语言暗示的过程，必须要有一个明确的目的，决不能随意发挥。在说服客户的过程中必须一直指向客户想要完成的心愿。

比如，向客户推销减肥产品，可以暗示客户："想象一下，使用这个产品以后，您的身材会越来越好，就不用再担心那些高热量的食物所带来的增脂烦恼了，得到想要的体重也会容易很多。"

2. 语气要轻柔不要命令

销售人员说服客户的语气要轻柔，要让客户觉得像是一种有益的引导，因而能够很自然地接受。如果这时还使用和平常一样的语气，甚至采用命令式的语气，很有可能丧失客户的好感和信任。

3. 使用适当的引导词

恰当使用引导词引起客户的注意，可以起到较强的效果。比如"在决定购买这件产品之前，您是否想要感受一下它的效果？"这一句话就将客户的注意力引导至感受产品效果，还暗示客户试用这个产品。

> **沟通技巧**
>
> 客户一旦产生需求，而产品能够满足其需求，客户就会很快购买产品。因此，销售人员要想方设法将客户的需求与产品的效果连接起来，让客户想象获得产品的好处。销售人员还要运用合适的引导词说服客户购买产品。

三、制造紧迫感，使潜在客户主动成为客户

"曾经有份真挚的爱情摆在我的面前，我没有珍惜，等到失去的时候才后悔莫及，人世间最痛苦的事莫过于此……"

这句《大话西游》里的经典台词完美地阐释了稀缺效应。不管是对自己喜欢的东西还是重要的人物，这样的感觉大多数人都曾有过。当我们能够获得某种东西的机会越来越少时，其价值就会越发突显出来，变得非常贵重。这种稀缺效应对人们在日常生活中的行为产生了全面而深刻的影响。

物以稀为贵，一旦物品短缺，人们的心里就产生一种紧迫感，不得不加快行动，不惜一切代价保留物品。

假设你在沙漠中行走，水都喝完了，而天空中的太阳照射着毒辣的阳光，你现在饥渴难耐，整个人都快要晒冒烟了，简直是痛苦不堪。这个时候有人把自己丰富的饮用水卖给你，哪怕要价是1000元一瓶，相信你也会买下来。因为那瓶水已经不再是普通的饮用水，

而是一剂救命药，它的价值何止1000元呢？

同样的道理，我们在销售时不仅要让客户发现问题，获知购买产品可获得的利益，还要让他联想到不购买产品将会导致的后果。我们需要给客户制造"困难"，困难程度越高，客户的解困需求越强，就会对产品越重视，产品的价值就越高，就像上面所说的水一样。在销售活动中，销售人员对待犹豫不决的客户可以采用这种方法，营造出紧迫感，迫使客户做出妥协，决定购买产品。

制造紧迫感的策略主要有以下几种。

1. 在涨价之前购买

产品的价格是不断变化的，销售人员可以利用这一点来刺激客户进行交易。

比如："这款车在月底就要涨价了，所以建议您今天就买下来。""本厂的西服原料纤维织物的价格即将上涨，所以我准备马上呈递您的西服订单，以便能够以低价发货，您看如何？"

在利用这种方法时，一定要先确认产品确实即将涨价，不能搞价格欺诈。

2. 限时报价

限时报价最常见的是限时促销，电视广告或者商场经常出现这种限时促销。比如零售商会说产品只在一个月内降价销售，顾客要是错过的话，以后购买产品会贵很多。

这种情况下，很多顾客会产生冲动消费。

案例21　低薪女孩商场闲逛，一日大酬宾让她咬牙买下两件衣服

刘丹是一名刚刚毕业的大学生，最近刚入职于一家公司做文员。她性格较沉稳，不是一个好冲动的人。可是，昨天她却花了1500块钱在一家商场买了两件衣服。她刚参加工作，工资也很低，而且她平时还是一个很节俭的人，这是怎么回事呢？

那天是周日，刘丹休息，便去商场闲逛。在商场内溜达时，她突然听到一家服装店传来导购的声音："尊敬的新老顾客，欢迎光临新百利佳服饰店，为了答谢新老顾客对我店的支持，我店今日开展大酬宾活动，所有服装一律七折，一律七折。活动仅限今天，明天将会恢复原价。希望新老顾客莫失良机。"

刘丹被吸引过去了。刚一进店，导购员就热情地向其打招呼："欢迎光临，美女，随便看看，看好了可以试穿一下。"

刘丹挑了一段时间，看中了两件服装，一件是时尚的连衣裙，另一件是套装。她试穿之后觉得正好合适，非常喜欢。而且这两种衣服都很好，风格不同，让她难以取舍。

导购员看出她的为难之处，对她说："美女，这两件衣服风格不同，但你穿上哪一件都很漂亮，美的风格也不同。不如都买了吧，今天正好是大酬宾活动，要是在平时都不打折的。刚才有个小姑娘还不如你漂亮呢，她一口气买了四件衣服。你这么漂亮，买两件也不难，别亏待了自己。"

刘丹一听，脸上开始发热，一时冲动就把两件衣服都买了下来。

3. 数量有限

数量有限，客户往往会害怕买不到，所以会迅速做出决定，先买回家再说，不能让别人抢走了。这就是因为拥有这个产品的机会变少了，对客户来说其重要性就提高了。

比如："这款商品刚刚卖出一套，这恐怕是我们店里最后一套了，要是错过的话，需要等到一个月以后才能买到了。"

> **沟通技巧**
>
> 制造紧迫感是让客户冲动购物的法宝。通过设定时间或数量的限制，使客户在心里产生"可能会失去"的紧迫感，客户就会迅速采取措施避免损失，最好的办法也许就是立刻买下产品了。

四、出奇制胜，让好奇心在客户心中生根

好奇心是一种特殊的心理现象，多产生于外界现象对大脑的刺激，从而使大脑某些区域处于一种亢奋状态，进而使人对外界事物产生想要关注的动机。人类社会发展与人类的好奇心有着非常大的关系，由于好奇心，人类不断探索，累积知识和文化。而在销售过程中，好奇心也是提高产品销量的重大心理动因。

销售人员在拜访客户的过程中，可以用适宜的口气唤起客户的好奇心，引起客户的兴趣和注意，并从中说出产品的利益，然后迅速转入面谈阶段。

那么，销售人员应该如何利用客户的好奇心来提高销量呢？

1. 设计精彩的开场白

如果初次见面的开场白能引起客户的兴趣，唤起客户的好奇心，销售也就成功了一半。有数据表明，客户从开场白获得的信息刺激非常大。

开场白有以下两种。

- **语言型**：语言型开场白要去掉可有可无的修饰语，直接讲出产品的利益点所在，用利益点勾起客户的好奇心
- **行为展示型**：用行为引起客户的好奇心，这些行为包括现场演示产品使用方法和使用效果等

2. 巧妙向客户提问

向客户提问是销售活动中常用的一种销售手段，其中大有讲究。如果直接询问客户需要什么产品或者服务，客户有时会表述不清楚，或者故意隐瞒相关信息。这时销售人员采用一种较为新奇的提问方式，引起客户的好奇心，客户大部分情况下会打开话匣子。

最常用的巧妙提问法是制造悬念，引导客户提问，最后给出客户答案，在一问一答之间自然而然地就将产品信息介绍给客户了。

案例22　销售人员说"钱懒"，让客户在好奇心中听完产品介绍

推销员韩路春来到客户家推销一款售价580元的烹饪厨具，刚一说明来意就遭到客户的拒绝："这厨具太贵了，我不用这么好的厨具。"

韩路春看得出，这位客户还是很有可能购买产品的，所以第二天他再一次来到了这位客户家。客户开门一看又是韩路春，张口就要他走开。

韩路春没有说话，而是掏出一个蛋形计时器，调整好时间，对客户说："先生，我只需要一分钟时间，一分钟时间一到，我立刻就离开。"

客户笑着说："那好，我看你在一分钟之内能说出什么话。"

韩路春问道："请问您知道世界上最懒的东西是什么吗？"

客户被他的问题给难住了，想了一会儿就摇了摇头："不知道。你知道？"

"我知道，那便是留下来不花的钱。"

客户被他的答案惊到了："怎么能说钱懒呢？"

韩路春这时不慌不忙地说道："不花的钱就是最'懒'的东西，因为体现不出它的价值。这款锅的底部所用的材料是先进的超强导热材料，设有环形高效吸热圈，能够高效吸收燃气热能，不仅起热速度快、导热均匀，而且还具有良好的储热性能，能为您节省很多能源和时间。不仅如此，这种锅上下两层分离，可炒、可煮、可蒸，一锅多用，您也不用再费心购买其他厨具了。因此，如果您购买这款省钱的锅，不

就能让自己在每一天的烹饪过程中享受更多的快乐了吗？您不买这款锅，看似是省钱了，其实浪费的时间、精力和能源超乎您的想象，您恐怕也不愿意降低自己的生活标准吧？"

客户听了韩路春的话，觉得确实不错，于是改变主意，购买了韩路春推荐的这套烹饪厨具。

3. 为客户提供新奇的东西

人们总是对新奇的东西感兴趣，想要迫不及待地看到该新奇事物。更重要的是人们不想被排除在外，这大概就是为什么人们对于新产品信息总是那么"贪得无厌"，所以销售人员可以充分利用这一点来吸引客户的好奇心。

总之，在拜访客户时，成功吸引客户，使其注意力集中在产品上的关键在于激发他们的好奇心。怀有好奇心的客户会主动询问或者积极参与，反之则不然。激发客户的好奇心，是促进客户进一步了解产品或服务的"火花"。

> **沟通技巧**
>
> 发现顾客的好奇心，找到其关注的事物，以此作为切入点进行沟通，大多能够顺利打开顾客的心扉，从而实现销售的目的。在引起客户的好奇心时，销售人员要做到出奇制胜，但手段要合情合理并与销售活动有关，只有这样才能顺利成交。

五、用身体语言唤起客户的共鸣，让产品走入客户的心

声情并茂远比干巴巴地说更有说服力。说的内容经过细致的打磨，声音、体态、手势、眼神和表情都合理地与话语配合，才能完美地表达情绪，感染听众。

身体语言往往是一个人下意识的举动，因此很少有欺骗性，而且如一位心理学家所说，无声语言所表示的意义远比有声语言多得多，而且更深刻。

举个例子，当演讲者准备演讲时，整个会场上人声鼎沸，作为主办方的你试图让全场安静下来。有两种做法，一是对着话筒大声说："请大家安静，演讲者马上就要登场了"；二是走上讲台后不说一句话，只是把食指竖起放在嘴前，然后环顾会场四周。

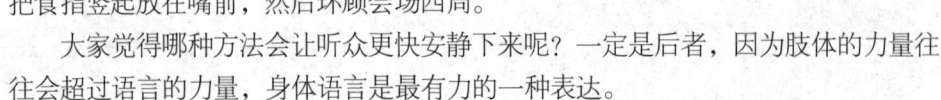

大家觉得哪种方法会让听众更快安静下来呢？一定是后者，因为肢体的力量往往会超过语言的力量，身体语言是最有力的一种表达。

第三章
掌控谈话局势，让客户在潜移默化中靠近成交

灵活而适度地将身体语言运用到销售过程中，能很好地引起顾客的共鸣。

一项调查研究表明：一个人在向外界传达完整的信息过程中，单纯的语言只占7%，声调占38%，而其余55%的信息，都需要身体语言来完成。所以，在销售中能否与客户沟通顺畅，常常取决于销售人员的身体语言的运用。

在运用身体语言之前，首先应该了解身体语言的类别。

表情语：疲倦、烦躁、悲伤。不仅传达精神状态，还能反映喜怒哀乐等心理活动

身体语言

副语言：说话的语音、语调、语气

体姿语：在谈话中无意识表现出来的前倾、后仰、抱臂、行走、坐卧等行为和动作

既然身体语言的作用这么大，而且可以在举手投足之间为客户传递非常丰富的信息，那么销售人员就可以运用不同的身体语言与客户进行有效的沟通。通常来说，销售人员运用的身体语言有以下几种。

1．眼神要热情

在向客户介绍产品时，眼神中要透露出热情、坦荡和执着，这比口头上的热情更让客户信服。这就要求销售人员勇敢迎接客户的目光，用炯炯有神的目光与客户对视，让客户相信你是一个值得信赖的人。在回答客户问题时，也要保证目光稳定，否则会给客户一种轻浮和不诚实的印象。

2．露出真诚的微笑

微笑是沟通的润滑剂，能够消除销售人员与客户之间的隔阂。不过微笑也是有讲究的，并非所有微笑都能打动人心。如果微笑时皮笑肉不笑或者将其变成了嘲笑，都是不合时宜的。微笑一定要发自内心，展现出自己的精神内涵，从而感染客户，拉近与客户的距离。

3．动作要有引导性

销售人员在与客户交流时，如果发现客户按兵不动，呈现胶着状态，可能是因为他正在考虑或者疑虑。这时销售人员就要及时为客户答疑解惑，同时还要配合得体的动作为客户做出引导。合适的肢体动作可以激活客户内心的购买意向，一般来说这类身体语言包括抬手指向商品、走向试衣间等。

案例 23　导购员用手指向试衣间，细微动作却带来众多订单

某商场引入了很多样式新颖的女装品牌，每天来店里逛的人非常多，但导购员李晓薇转化的购买行为并不是很多，大部分顾客都是转一圈就走。她的同事刘美看在眼里，发现了李晓薇在为顾客推荐产品时出现的问题。

原来，李晓薇在向顾客推荐完产品后就忙着照顾其他顾客，甚至连让顾客试穿衣服的提示都没有说一句，怪不得她的业绩这么差了。

刘美与李晓薇不同，刘美在每次接待顾客时都会拿出最饱满的热情，当顾客表现出对某一件衣服的喜爱时，刘美会主动迎上前，对顾客说："这件衣服是最近刚上新的，现在正在搞活动。如果您喜欢的话可以试穿一下，试衣间在这边。"刘美一边说一边用手指向旁边的试衣间。

刘美从业以来业绩一直非常突出，除了专业的产品介绍和热情饱满的服务态度以外，她觉得自己用动作向顾客做出的引导也是非常有效的促销手段，在自己的业绩中，动作引导顾客直接转化的单子不计其数。

4. 动作要得体

不管是轻轻点头还是充满热情地握手，销售人员的动作要得体，以此来达到与客户友好沟通的目的。销售人员平时要注意自己的动作，防止做出令客户感到不快的动作，且要在日常生活中培养良好的习惯。

在此需要提醒大家的是，销售人员要想使身体语言感染客户，必须让自己时刻处于一种身心愉悦的状态，注意锻炼身体，调节心情，争取在面对客户时让客户感受到自己的最佳状态。

> **沟通技巧**
>
> 销售是一份时刻与客户打交道的工作，销售人员除了用语言来实现有效沟通，更重要的是不能忽视身体语言的重要性。销售人员可以利用身体语言表达对客户的尊重、关切和引导，促使客户对销售人员有更深的好感，或者在销售人员的引导下做出实际购买行为。

六、善于造势，用自身的强大气场吸引客户

宇宙存在万有引力，而人则存在气场引力。气场无形，但威力巨大，这种无形气场无时无刻不在影响着自己和他人。

第三章
掌控谈话局势，让客户在潜移默化中靠近成交

在著名的小品《主角与配角》中，"陈佩斯"和"朱时茂"争抢主角八路军的戏份，由于"陈佩斯"表现得贼眉鼠眼，即使高兴地换上八路军的服装，还是活脱脱像一个汉奸；而"朱时茂"本来就一身正气，气场十足，就算是换上汉奸服装，也像是"打入敌人内部的卧底"。

这就是气场的影响，它可以给别人传递出这样的信息：你是自信还是自卑，是胸有成竹还是胸无点墨，是不可轻视还是可以忽视。当你在气场上处于劣势时，不仅不能影响别人，反而会受到他人制约。

因此，销售人员要在客户面前表现出自己的强大气场，把自己最强势的一面展现出来，充满自信、坚定果敢、谨慎认真，而不能唯唯诺诺、拖拖拉拉、马虎大意、随波逐流。假如销售人员没有坚定的意志和果断的精神，交易的主动权就会被客户夺走，自己就要受制于人。

要想改变自身的气场，增强个人影响力，关键在于拥有强大的意志力。有了意志力作支撑，销售人员便可以将决策时的独立性和果断性与执行时的坚定性结合在一起，由此产生一种无形的影响力，足以让客户表示信服，产生依赖，从而做出妥协。

案例 24　原一平其貌不扬，但凭借强大气场征服了拒绝他的客户

原一平刚做销售时毫无经验，而且气质不佳，竞争力很弱，在工作的前半年时间里，他没有推销成功一份保险。因此，他的经济拮据，没有钱租房子，没有钱吃饭，日子过得很艰难。在这种境遇下，他并没有颓废，没有自暴自弃，依然坚信日子一定会越来越好的。因此，他总是微笑地面对周围的一切，而且笑容非常真诚，充满自信，在别人灰心丧气的时候，他依然能够充满希望地面对。

有一次，原一平去拜访一位性格内向、脾气古怪的客户。他提前就知道这位客户非常难以对付。但原一平没有临阵退缩，而是勇敢地来到客户家。

"您好，我是原一平，明治保险公司的业务员。"

"对不起，我不投保。我从来都不喜欢保险。"

原一平并没有放弃，表情没有起伏，诚恳地问："您能告诉我为什么不想投保吗？"

"我就是讨厌投保，难道这还需要什么理由吗？"客户非常不耐烦地提高嗓门叫喊道。

按说客户都这样说了，销售人员一般会选择离开，但原一平并没有离开，依旧

微笑地望着客户说:"我听说您的生意做得非常好,真羡慕您。如果我在保险行业能够跟您做得一样好的话,我会非常激动的。"

客户听了原一平的话,态度稍好了一些:"我本来非常讨厌保险推销员的,但你的态度让我感觉挺舒服。你进来吧,我们谈谈保险的事情。"

原一平从客户的话中得知,原来客户并不是讨厌保险,而是不喜欢保险推销员。在接下来的交谈中,原一平用他的自信、开朗、热情和坚定感染了这个客户。最后,原一平终于说服客户,使其愉快地在保险单上签上名字,并愉快地和他握手道别。客户说道:"你这个人真有魔力,我刚才完全无法拒绝你。"

原一平就是靠自己的强大气场感染了客户。他坚信,依靠真诚和自信就能打动很多人。为了更好地对客户形成气场上的影响力,原一平苦练笑容,把"笑"分为38种,针对不同的客户表现不同的笑容,使自己在面对任何客户时都能露出迷人的微笑,使客户心悦诚服,无法抗拒。

> **沟通技巧**
>
> 销售人员要学会引导客户的思路,因为人都容易受到别人的影响,从而会不知不觉地接受别人的意见,做出相应的决定。销售人员的气场就是对客户的一种无形引导,只要具备强大的气场,客户就会被销售人员吸引,进而购买其推荐的产品。

七、向客户请教问题,激发客户的表现欲

人们都渴望受到别人的重视,只是很多人把这种需要隐藏在内心深处,没有表现出来而已,而且在某种程度上来说,请教也是一种赞美,谁不喜欢被人赞美呢?

"您能告诉我该怎么办吗?""您觉得怎么样?""我还不知道是怎么回事,您能告诉我吗?"销售人员在向客户提出这些带有征求意见或者求助口吻的问话后,客户会觉得很受用,自然会对销售人员增加好感。

很多客户都不免有好为人师的习惯,这时销售人员的虚心求教就成为激发客户表现欲的最好工具。销售人员如果表现得对客户所谈的内容很有悟性,客户很快就会视其为知己和同道中人,他对销售人员的信任将更进一步。因此,请教得当能够改善与客户的关系,获得客户好感,对销售的开展有着巨大的推动作用。

案例25 销售人员请教难缠客户,客户试驾之后愉快说出意见并购车

张贵晨是一名二手车销售人员。有一次,他领一位客户看他销售的二手车,但

这位客户非常挑别，或者说这辆车的车型不好看，或者说那辆车的底部有刮痕，又或者说其他的某辆车价格太高，负担不起。

遇到这种情况，张贵晨不再向客户推荐，而是让客户自己选购满意的车辆。

几天以后，一位客户开来一辆二手车，请张贵晨帮忙销售出去。对车进行仔细的观察和检查后，张贵晨觉得这辆车非常符合前几天那位难缠的客户的需求。于是，他约来了那位客户。

一见到客户，张贵晨就向客户请教："您在鉴定汽车价值方面无疑是一个专家，几乎很少有人能像您那样对汽车价值进行非常精准的评估。我现在手头正好有一辆二手车，您能不能帮我看看它的性能，看别人应该出价多少才合算？"

这位难缠的客户露出笑脸，高兴地答应了张贵晨的请求。在把那辆车开了一圈之后，客房对张贵晨说："如果别人能够以5万元的价格购买这辆车，我觉得还算是比较合适的。"

"哦，谢谢您的评估。这样吧，如果把这辆车按照这个价格卖给您，您看如何？"客户欣然应允道："好啊，可以，这辆车以5万元的价格买到是比较容易被接受的。"就这样，张贵晨利用请教的技巧讨得了客户的好感，成功地将二手车销售出去。在向客户请教时，销售人员要注意以下几个方面。

1. 认真倾听

既然请教客户，就要认真倾听客户的话。如果轻易另起话题，打断客户的话，就是对客户的不尊重。如果事不得已，一定要打断客户的话，比如需要客户对某一点进行澄清，也需要看客户的反应，千万不要让客户以为你没有耐心听他讲话或者不赞成他的观点。

2. 跟着客户的思绪走

尽管接收别人说话内容的速度远比说话速度要快，但也不要在客户没说完话之前就武断地判断客户的想法，认为自己已经掌握了客户的意思。销售人员一定要跟着客户的思绪走，听完客户所说的内容，以免错过客户所说的话中的弦外之音，误解客户的立场。

3. 适当迎合

在倾听客户讲话时，可以在口头上讲一些积极应和的话，比如"我明白""真有趣""原来是这样啊"等。这些话可以表明销售人员确实在认真听客户讲话,客户由此会对销售人员产生信任和好感。

4. 确认客户的讲话

客户在回答请教的问题之后,销售人员应该将客户的话做一下总结,这也是倾听客户的一个重要体现。这不仅说明销售人员认真听客户讲话,也为潜在客户提供了一个为销售人员澄清可能的误解的机会。

因此,在销售中多开口向客户请教,不会带来任何损失,反而会提升销售人员的人格魅力,让客户对其产生更多的好感。

> **沟通技巧**
>
> 大部分人都喜欢被人请教,因为这能体现自己的能力及别人对自己的重视和喜欢。当销售人员带着真诚的态度向客户请教时,多数情况下能取悦客户,从而为下一步销售活动奠定扎实的基础。

八、运用尼尔拉克姆模式,使客户的潜在需求明朗化

提问是获知客户内心想法的一种有效方式。有经验的销售人员一般先向客户提出一些试探性问题,客户会随着这些问题吐露自己的真实想法,并且非常自然地做出符合销售人员预期的行为。

英国行为心理学家尼尔拉克姆在进行销售成功行为模式的研究中发现,只要向对方提出4种模式的问题,对方的思绪就会在不知不觉间朝提问者的预期方向发展。这4种问题分别如下图所示。

掌握现状式询问
质疑式询问
解决式询问
暗示式询问

1. 掌握现状式询问

要想掌握沟通的主动权,我们肯定要先了解客户。尽管我们在拜访客户之前就已经有所了解,但这种了解的程度不深,通过提问,我们可以进一步掌握客户的现状,从中找出客户的潜在需求。这是推动成交的突破口。比如"您现在开什么车?""您开车的时间有多久了?""您的爱车最近车况如何?"

2. 质疑式询问

掌握客户的现状只是提问的第一阶段,客户在说出自己的现状时可能非常平静,但他一定有某种痛点。我们要进一步提问,探询出对方对于现状的不满和问题所在,从而唤起对方的潜在需求。比如"您现在开的车是否耗油呢?""您开的车安全性能有多高?"

3. 暗示式询问

销售人员找到客户的痛点后,最好可以加深客户的忧虑情绪和对产品的不满意程度,透过暗示式询问,进一步提醒客户,继续使用这些产品有可能发生其他问题。比如"您的车耗油很高,天天上下班开车,支出是否明显增多?""安全性能不好,假如出了问题怎么办?"

4. 解决式询问

一旦找到了对方潜在的畏惧和需求,销售人员就可以向对方提出一些解决措施,并暗示这些措施的重要性,以缓解客户的不安心理。比如"换一辆耗油量较少的车是不是会更好呢?那样每月的支出会减少很多。""开车最重要的是安全放心,驾驶安全性能高的汽车,您的旅途就更轻松了,您说呢?"

如果你通过询问以上四种问题已使客户潜在的需求明朗化,让他知道了解决问题的重要性以及解决问题的方向,并且非常自然地将你推荐的产品特征、长处以及对他的好处等揭示出来,客户购买产品的可能性就大大增加了。

当客户通过回答以上四种问题坚定自己做出改变的决心之后,销售人员得规划出一个大致路线,让客户循着这条路线走下去。当然,这并非销售人员强加给客户的意志,而是客户经过自己的考虑所做出来的决定。

> **沟通技巧**
>
> 通过尼尔拉克姆模式,销售人员可以一步步了解到客户的潜在需求,找到客户的痛点,通过提出解决方案,促使客户自觉按照销售人员提出的建议做出购买行为。

九、开放式提问,让客户充分表达自己的观点

你问我答,你问一句话,我也只答一句话,这样的提问枯燥乏味,效果不佳。要想了解更多的信息,就必须问更多的问题。然而,绝大多数人不喜欢连珠炮似的提问,问得越多,烦得越快。其实,提问是一根线,一句话就可以牵引出无数的观点,开放式提问尤其如此。

所谓开放式提问，是指需要对方做出大量解释说明的提问方式。在销售活动中，销售人员可以通过开放式提问获得客户更多的真实想法，以最少的问题明晰客户的购买意图。

一般来说，开放式提问主要包括以下典型问法。

→……怎样；如何……	→为什么……
您通常都是怎样（如何）应对这些问题的？ 您希望这件事得到怎样的解决才算合理？	为什么您会对这种产品情有独钟？ 为什么您会面临如此严重的问题？

→什么……	→哪些……
您遇到了什么麻烦？ 您对我们有什么建议吗？ 您对这件产品有什么看法？	您对这件产品有哪些看法和意见？ 哪些问题您最感到头疼呢？ 您觉得这件产品的优势主要在哪些方面？

与客户刚开始接触时，销售人员需要与其建立良好的关系，努力营造一个友好而又轻松的洽谈氛围。因为开放式提问没有对回答的内容做太多的限制，客户自由发挥的余地比较大，客户不会觉得唐突，融洽的气氛容易营造起来，所以提出一些开放式的问题是很好的选择。

案例26　客户拒绝购买软件，销售人员用开放式提问破局

王凡峥是一家软件公司的销售人员，这一次通过电话向客户推销一款财务软件。王凡峥事先了解到，这个客户一直对推销软件的电话比较反感。因此他在打电话之前仔细考虑了一番，决定用开放式提问法引导客户的思路。于是，他拨通了客户的电话。

王凡峥："张总，您好，我是软件开发公司的小王，有几个问题我想向您咨询一下。"

张总："哦？什么问题？"

第三章
掌控谈话局势，让客户在潜移默化中靠近成交

王凡峥："张总，我们公司最近经常收到一些客户的询问，他们经常询问与库存管理、产品分类管理以及账务管理方面有关的问题，并且希望我们开发一款能够解决这类问题的财务软件，不知道您在这方面是不是能够提供有效的建议呢？"

张总："唉，对于这个问题，我最近也正在烦恼呢。我们公司虽然有专人负责财务，但是办事效率太低了，而且经常出错，尤其是人员流动的时候，财务漏洞更是多得数不清。"

王凡峥："是吗，张总？那我请问一下。咱们公司目前使用的是什么财务管理软件？"

张总："我们公司目前规模不是很大，用不到财务管理软件，人工做账就足以应对了。"

王凡峥："这倒也是，现在人工做账的公司还有很多。向我们公司咨询的那些公司也都是人工做账，由于工作分配不够细致、没有条理，所以出了一些问题。好在现在问题都解决了，不用再为这件事情发愁了。"

张总："是嘛，他们是怎么解决的？"

王凡峥："他们使用了××财务管理软件，不仅节省了人力，而且每天都能够清楚地了解当天的产品进货、销售以及存货情况，并对畅销产品和滞销产品的比例、进出账、欠账和拖款情况等有精细化的记录。"

张总："这款软件这么有效果？那我在哪儿可以买到这款软件呢？"

王凡峥："这样吧，张总，我下午4点到你们公司，您看方便吗？我会把软件带过去，再为您的员工讲解一下软件的使用方法，您看可以吗？"

张总："可以，真是太好了，下午4点我等你过来。"

王凡峥："那好，就不打扰您了，再见张总。"

张总："再见。"

销售人员需要注意的是，开放式提问也存在着问题松散自由、难以深度挖掘的缺点，不便于资料汇总、统计和分析，难以进行量化处理，而且容易在谈话过程中"跑题"。为了避免出现此类问题，销售人员必须明确提问目的，使问题围绕目的展开，而且提出的问题要具有逻辑性，循序渐进，前后呼应，使问题串成一个问题链，并在事后对答案进行整理、筛选、归纳和总结。

> **沟通技巧**
>
> 开放式提问不会给客户造成太大的应答压力，可以让客户直抒胸臆，做出大量的解释说明，而这里面就包含了大量的需求信息。客户一般乐于接受开放式提问，不仅能向销售人员提供有价值的信息，可能还会对其工作提出一些建议，更有利于销售人员进行销售工作。

十、封闭式提问，摆脱兜圈子的烦恼

话语就像是流水，至满则溢，至散则患，说得太多未必一定是好事。要想掌握关键信息，尽快寻找目标答案，最好进行封闭式提问。

对封闭式提问，客户回答的范围比较窄，答案也较明确和简单，通过这种提问，销售人员可以缩小话题范围，收集比较明确的需求信息。

封闭式提问的常用词语包括"能不能……""对吗？""是不是……""会不会……""多久"等。比如：

"您是公司的总经理，我相信您一定非常关注公司的业绩，对吗？"

"目前贵公司是不是采用网络销售方式销售产品呢？"

"会不会是因为这方面的因素才导致您的供货推迟呢？"

封闭式提问除了收集明确的需求信息以外，还可以建立与客户的关系。封闭式提问话题范围窄，比较容易回答，陌生客户容易参与进来，但销售人员的提问方式必须能够激起客户的好奇心。只要能够激起客户的好奇心，就能引起客户的注意，并赢得他的时间，从而有机会将对话进行下去，与之建立良好的关系。

比如，在向陌生客户提问时，第一句问"我能问您一个问题吗？"这个问题几乎不会遭到拒绝，客户会停下手中的事情，好奇我们的问题是什么。在此基础上，销售人员便有机会继续跟客户谈下去。

在实际销售活动中，开放式提问和封闭式提问并非单一运用就能说服客户的，很多时候将两种方法结合会取得不错的效果。

案例 27　客户认为价格高，导购员结合开放式和封闭式提问说服客户

远光灯饰城的导购员刘敏霞接待了这样一个客户。

客户在店里逛了很久，脚步一直未停，但迟迟拿不定主意。刘敏霞当时正在柜台为另一个客户结账，看到这个客户一直在溜达，而旁边的店员不闻不问。她觉得丢掉这个机会太可惜了，结完账便主动迎上前问道："您好，先生，欢迎光临远光灯饰城，请问您想选一款什么样的灯？"

客户说："我想买一款护眼灯。"

刘敏霞问："是您自己用还是给小孩子用呢？"

第三章
掌控谈话局势，让客户在潜移默化中靠近成交

客户说："给我家小孩子用的。他的学习压力太大，晚上要写作业，我担心他的眼睛太疲劳，所以来选一款护眼灯。"

刘敏霞说："好的，您看一下这款魔鬼鱼护眼灯怎么样？"

客户看了一下价格标签，吃惊地说："不会吧，这款护眼灯的价格太高了吧！"

刘敏霞说："我们的护眼灯价格是比较实惠的，而且买护眼灯不能光看价格，最主要是看质量如何，是不是对眼睛有保护作用，您说是不是？"

客户说："那倒也是，但你推荐的这款我觉得不太喜欢。"

刘敏霞问："为什么？您是不喜欢它的造型，还是不喜欢它的颜色？"

客户说："颜色稍微深了一些。"

刘敏霞说："您看一看这款浅蓝色的怎么样？这种颜色被灯光一照比较柔和，而且男孩、女孩都是适合的。"

客户说："我还是觉得价格高。"

刘敏霞说："如果您对其他方面都满意，我们可以再谈一下价格的问题。"

客户说："其他方面都很不错。"

刘敏霞："那就好，如果您现在购买这款护眼灯，我们还会赠送一个精美礼品，您看怎么样？"

最终客户接受了刘敏霞的报价，购买了魔鬼鱼护眼灯。

在这个案例中，刘敏霞就使用了大量封闭式提问，使每一句话都紧紧围绕客户的购买动机，而且配合开放式提问，比如"您看一下这款魔鬼鱼护眼灯怎么样？""您看一看这款浅蓝色的怎么样？"等，让客户不至于受到太多封闭式提问的压力，缓和了沟通气氛。开放式提问和封闭式提问的交叉使用获得了不错的沟通效果。

> **沟通技巧**
>
> 封闭式提问可以使客户的回答紧紧围绕自己的购买动机，缩小了话题的范围，更有利于销售人员准确地收集客户的需求信息，与客户建立良好的关系。当然，开放式提问和封闭式提问的结合更有利于销售工作的开展。

第四章

提供无懈可击的理由，在任何场合说服任何客户

看到想要的产品，客户的购买动机才会产生。但有的时候客户并不知道自己的需求，或者在价格等方面有异议，销售人员必须拿出足够的证据来引导客户，使其打消顾虑，爽快地购买产品。

一、一语击中客户需求痛点，给客户非买不可的理由

商品之所以有价值，就是因为能够满足人们的各种需求。销售人员其实就是为客户解决需求问题的人。很多销售人员不懂得为客户解决需求，只是把销售当作赚钱的渠道，这从思想上就犯了致命的错误。可以回忆一下，很多广告是不是非常惹人厌烦？为什么呢？就是因为这些广告置人的需求痛点于不顾，不了解顾客需求是什么，只是一味狂乱轰炸。因此，销售人员要锻炼自己抓住客户需求痛点的能力。

所谓痛点，是指客户在生活中急需解决而无法解决的问题。可想而知，一旦销售人员能够为客户解决痛点，客户会迫不及待地购买产品解决自身遇到的问题，销售业绩自然不用愁。

案例 28　客户缺钙，销售人员提出客户需求痛点完成订单

韩春峰是一家乳业公司的推销员。现在他做推销已经非常熟练，多次获得销售冠军。回想一路走来的历程，他非常感慨。在刚开始入职的时候，他推销的方法不当，导致屡屡碰壁。

有一次，他去推销公司刚推出的一款新品牛奶。遇到一位正在走路的老大爷，也没仔细观察就上前说话："您好，我们推出了一款新牛奶，这款牛奶含钙高，保质期限长，您看您需要吗？"

这位老大爷连连摆手："不需要。"

他又说道："我们的牛奶非常好……"

老大爷不耐烦地说："再好跟我有什么关系呢？我从来不喝牛奶，身体照样很好。"

其实这一次的失败就是因为缺乏细致的观察，没有找到客户的需求痛点就贸然推销。他又回忆到第一次成功的经历。

那一次，他吸取了之前的教训，先观察了客户一段时间，发现客户确实缺钙。在看到客户慢慢爬楼梯时，他热情地上前说道："您当心点，看您挺累的啊，我扶着您上去吧。"

客户是一位老大妈，她笑着对韩春峰说："谢谢你啦，我老了，腿脚不好了。"

韩春峰安慰老大妈："瞧您说的，您还能再好好享几十年的福呢。人一上了年纪，身体就容易流失钙，所以您别忘了补钙。"

老大妈说："是啊，但吃钙片效果不怎么样啊！"

韩春峰趁机说道："补钙的方法有很多，喝牛奶的效果挺不错的，毕竟人吸收的营养大多数是从饮食中获得的。大妈，我们公司刚好推出一款新品牛奶，低脂高钙，您喝一喝试试怎么样？"

老大妈笑呵呵地说："听你这么说挺好的，那我就买一些试试吧。"

因此，要想说服客户，销售人员首先要知道客户的需求，找到其"痛点"进行重点突破。一旦能够解决客户的"痛点"，也就找到了让客户不得不购买的理由。这便是由销售人员的"我要卖"到客户的"我要买"的转变过程。这才是说服的关键所在。

> **沟通技巧**
>
> 客户的需求痛点是销售人员走向销售成功的一把钥匙。只要能够找到客户的需求痛点，并提出解决问题的办法，客户就有了购买的理由，而销售人员也就掌握了这把打开成功销售产品之门的钥匙。

二、大要求之后提小要求，"留面子效应"赢得客户

拒绝别人，于心何忍？相信大多数人在拒绝别人时心里会有些不安，觉得损害了自己富有同情心和乐于助人的良好形象，也辜负了求助者对自己的一片期望。这时为了恢复在别人心目中的形象，让自己的心理达到平衡状态，人们便会很容易地接受求助者提出的第二个小一些的要求。

这就是所谓的"留面子效应"，给别人面子，也会让自己更有面子。销售人员应该经常运用这种效应。比如在议价的过程中，销售人员可以采用逐渐降低价格策略，达到令双方满意的双赢。不仅是议价，其他的销售活动中销售人员也应该合理运用这种效应，让客户开开心心地买单。

案例29 以开专卖店不成，"妥协"求试销，经销商纷纷响应

辉凰服装厂新创立了一个服装品牌，准备打开服装市场，但产品推出后并未受到经销商的认可，几乎没人订货，仓库里积压了大批服装，资金链也变得紧张。厂长多次召开内部会议商讨对策，后来有一个业务员想出一个对策，厂长一听，觉得

可行，于是马上开始着手准备。

由于当时是服装销售旺季，厂长马上组织了一场全国性服装展览会，向全国一百多家经销商发送邀请参展，并且报销所有的车票、住宿等费用。这个消息一传开，果然有很多经销商纷至沓来。

客户一到，服装厂很快就安排他们参观展览会，然后用两天时间游览了当地的风景名胜。第四天，厂长把经销商集中到厂里召开了一个内部交流会，并在会上提了一个要求，希望经销商协助他们在各自的区域开新品专卖店。厂长把开店的各项费用详细地列了出来，大概要十几万元。所有的经销商都对这个要求缄默不语，因为毕竟十几万元不是小数目。

厂长见时机已到，遗憾地说："既然大家对开专卖店有些顾虑，那就以后再说，不过我希望大家先带点货回去试销一下，如果销量好，大家对这个品牌有信心了，我们再谈专卖店的事也不迟。"

这一次，大部分经销商都稍微考虑了一下便纷纷响应，不一会儿，一百多万的服装就全部被订出去了。

值得注意的是，"留面子效应"是一把双刃剑，善加利用可以促进沟通，但己所不欲，勿施于人，不要为了自己的一己之利而轻易利用他人的心理，而且该效应并非放之四海而皆准，它是否会发生作用，关键在于双方关系的亲密程度以及需求的合理程度。如果双方既无责任也无义务，素昧平生，却想让对方答应一些损害对方利益的事情，这时"留面子效应"是不会起到作用的。

> **沟通技巧**
>
> "留面子效应"不仅是给对方留面子，也是给自己留面子。因为拒绝别人而在心里留下的内疚需要填补，这时同意一个小一些的请求便可以满足这个愿望。销售人员可以利用这种心理去推动销售。

三、掌握客户关心的点，并证明你能满足他

先来看下面这则故事。

医生、房地产商和艺术家一同拜访一位医生朋友。他们路过了一条繁华的街道。到达朋友家后，朋友的女儿请他们三人分别给她讲一则故事。他们的故事都涉及了那条繁华的街道。

艺术家说："在天空的映衬下，城市就像一个巨大的穹隆，暗红色的余晖泛着微

光,真是一幅美丽的风景画。"

房地产商说:"我在街上看到两个小男孩,他们在讨论着怎样挣钱。一个男孩说,他想摆一个冰激凌小摊,把地址选择在两条街道的交汇处。这个男孩子真有商业眼光,以后可能会成为一名成功的商人。"

医生说:"我在一个橱窗里看到了很多治疗消化不良的药,一些人正在挑选。他们可能更需要的是新鲜空气和睡眠,但我没有机会告诉他们。"

发现其中的不同了吗?这三个人发现了同一条街道上的不同事物。

这说明,对同一个事物,不同的人会把注意力放在不同的地方。

在销售活动中同样如此,客户的注意力是有限的,而且有所选择。商品的属性并不是单一的,而客户在购买产品时可能只是看中了产品的某一属性而已。比如,对一款微型车而言,不同的客户购买理由是不同的:有的人是觉得价格便宜才购买;有的人是觉得车辆性能优越才购买;有的人是因为车的外形符合自己的喜好风格才购买;而有的人是因为车子小巧,方便停车而购买。

产品的特色是相对的,对这个客户是一种优点,对另一个客户则可能是缺点。因此,销售人员必须了解哪种产品特色对客户的吸引力最大,在推介产品时有重点地向客户描述符合其需要的特色。

比如,客户如果注重产品外观,应针对产品的外形时尚和款式独特进行说明;客户如果注重产品价格,应针对产品的物美价廉或者物超所值来说明;客户如果注重产品质量,则应重点讲述产品的过硬质量。做到这些之后,客户才会坦然接受销售人员的解说。所以,销售成功的第一步,就是要弄清楚客户想要些什么。

案例30　客户想要大卧室,经纪人介绍大客厅的好处,改变其想法

一个客户想要买房,房产经纪人在电脑上为他调出了一些符合客户面积要求的房屋资料。

客户仔细观察了一下,然后惊讶地说:"咦?这些房子怎么都是客厅很大,卧室很小?"

房产经纪人发现客户对卧室的面积有意见,问道:"先生,您是喜欢大卧室小客厅的?"

客户说:"是啊,大卧室住起来比较舒服。"

房产经纪人问:"请问您除了睡觉之外,在卧室里待的时间多吗?"

客户说:"不多,我在家没事的时候就是看看电视,泡泡茶。"

房产经纪人说:"嗯,就是这样。客厅是一个家庭的公共区域,平时家人在客厅待的时间比较多,加上平日里接待客人,都要用到客厅,所以客厅的面积自然要大

一些才好。而卧室是一个用来睡觉的私密空间，面积不用太大。当然，如果要是能够做到大客厅大卧室就更好了，但那样房屋的面积就增加了，房价就会高出不少，您说呢？"

客户点了点头，若有所悟："嗯，那倒也是。"

最后，客户在经过审慎的考虑之后，终于买下了大客厅小卧室的户型。

总之，产品的卖点有很多，在销售过程中，与其对一个产品的所有特点进行复杂而烦琐的陈述，不如抓住客户最感兴趣、最关心之处进行推介，切忌面面俱到。

> **沟通技巧**
>
> 产品的特色和卖点并非只有一个，而客户最关注的往往只有一个。在销售活动中，最好不要面面俱到，而是集中精力去攻破客户最为薄弱的点——最关心的点，展示出产品能够带给客户的价值，销售成功的可能性会高出很多。

四、"此物只应天上有"，这种描述让客户唯恐避之不及

俗话说"老王卖瓜，自卖自夸，"销售人员在推荐产品时肯定要介绍产品的优点，但过度吹嘘自己的产品，夸大产品的优点则是愚蠢至极的。

一方面，有的客户对产品市场的了解程度比销售人员更深，销售人员吹嘘和夸大产品优点会在第一时间丧失客户的信任；另一方面，不怎么了解产品的客户在购买后没有看到销售人员所夸耀的产品优点或者产品优点没有销售人员所夸耀的程度高，他们便会出现抗拒、厌恶的情绪，甚至会因此而投诉。

吹嘘和夸大与欺骗无异，真相终有一天会被发现，客户感觉自己受到了欺骗，便不会再信任销售人员及其公司，后继销售无法持续，甚至影响公司的形象。

销售人员在做产品介绍时，客户更在意的是产品介绍的真实可靠性。

下面来对比一下销售人员的正确做法和错误做法。

比如，两名销售人员在介绍复印机时的描述如下。

（1）"我们一次可以印出 25 份，假如你十分了解复印机的加热系统并且能够很好地进行控制，也许可以再多增加几份，但并非每次都能实现，大部分情况下是复印 25 份。"

（2）"这是非常了不起的产品，一次可印 30 份以上。"

做第一种阐述的销售人员说话比较保守，并没有保证一定可以复印 30 份，而一旦客户成功复印 30 份，客户的心情会非常高兴；而第二种阐述则过于绝对，一旦客户买了以后，复印量维持在 25～30 之间，客户会很生气，因为他觉得推销员有过度

吹嘘和欺骗的表现，说好的能够复印30份以上，根本没有实现。

因此，销售人员要想避免拿起石头砸自己的脚，就千万不要过度吹嘘。在产品介绍时要简单明了，能够让客户迅速获知产品的特性，而且要扬长避短，将产品对客户最有利的一个需求点说出来，将客户需求与产品特性完美配对，这样才能吸引客户，促成订单。

> **沟通技巧**
>
> "此物只应天上有"，这种就是过度吹嘘的典型。销售人员要想成功卖出产品，虽然要阐述产品的优点，但这个阐述是建立在真实可靠基础之上的，一旦销售人员夸大优点，客户发现问题时就会有上当受骗的感觉，从而失去对销售人员及其产品的信任。

五、把问题说透，把好处说够

有时被客户拒绝的原因并非客户没有需求，而是需求不够强烈。需求就隐藏在客户的内心深处，需要销售人员挖掘出来。其中有一个方法十分有效，那就是强调客户的问题，凸显客户的问题。

有这样一首诗：

缺少一个钉子，就会掉了一个马蹄铁

缺少一个马蹄铁，就会影响一匹战马奔跑的速度

战马跑不快，就会耽误一个情报

缺少一个情报，就会输掉一场战斗

战斗一旦失利，就会输掉整个战争

战争失败之后，国家就会随之灭亡

而这一切，仅仅是因为马蹄铁少了一根钉子

这首诗就是强调或者放大问题的典型。对客户来说，掏钱是一件痛苦的事情，而拒绝则成了习惯。为了改变客户的行为习惯，就需要改变他的心态，强调出不购买某件产品带来的问题，然后帮助客户把购买这件产品的好处想够，客户就会做出购买的决定。

案例31 保险代理商强调不投保的风险，客户听完后欣然投保

保险代理商伊德·伊尔曼前往客户公司推销企业意外险，不过客户以正在忙为

第四章
提供无懈可击的理由，在任何场合说服任何客户

由拒绝了他。伊德·伊尔曼毫不气馁，他知道自己必须要找到客户心中急需解决的困惑。

他经过仔细调查后发现，客户的公司曾经因为仓库发生火灾损失达50万美元。在得知这一点以后，伊德·伊尔曼再次找到客户。

客户当然还是拒绝，但伊德·伊尔曼严肃地对客户说："我知道您很忙，但我希望您能给我5分钟的时间。"

客户同意了。

伊德·伊尔曼直接进入正题："先生，我不会勉强您在今天迅速做出一项重大决定，但我觉得最好找到一个解决办法。我向您提出两条建议，这是两种选择，您看哪一种更适合您。第一种是您同意购买3000美元的意外险，当然，这可能买得没有必要，您的公司在未来并没有发生任何意外。大家都不想犯哪怕是1美元的错误。第二种选择是您不做选择，不购买3000美元的意外险，这样就能为公司节约3000美元。但您想过没有，如果您的仓库发生火灾等意外，或者员工发生意外事故需要赔偿，您的公司可能面临50万美元的损失。您的公司正在发展的关键时刻，3000美元的投资还是能够承受得起的，但您肯定不想损失50万美元吧，而且做出改变非常简单，您觉得呢？"

客户一直在认真听伊德·伊尔曼讲话并思索着，当伊德·伊尔曼说完以后很快就同意了购买3000美元的意外险。

在这个案例中，客户面临着两种选择：一种选择能够得到潜在的利益，而另一种选择却意味着很大的风险，不购买保险将自担风险和损失。权衡利弊之后，客户当然会选择规避痛苦而投保了。

如果销售人员能让客户明白，不购买产品，不解决问题将来会给他造成多大的痛苦，他就会很乐意达成交易。一般来说，销售人员越能放大客户的痛苦，客户就越会视其为顾问或救星，他会觉得销售人员的来访是在帮助他解决问题。

当然，销售人员只有在与客户建立友谊和信任的基础上才会听到客户说出自己的难题，而且在扩大客户痛苦之前，首先要明白自己的产品或服务究竟能帮助客户解决什么问题或达成什么目标。

> **沟通技巧**
>
> 把好处说够，把问题说透，让客户知道不购买产品的后果和风险，并让其知道购买产品的好处，两相比较，客户肯定会为了规避问题和风险而购买产品。一般而言，强调问题越深刻，客户购买产品的意愿就越强烈。

六、权威效应：相信权威专家的话

寻求安全感是人的本能，在这个竞争激烈、节奏加快的社会中，世界瞬息万变，人们也变得越来越焦虑，向权威看齐，或许是增加保险系数的一种重要方法，这就是"权威效应"。

人们大多认为权威人物的思想、行为和语言是正确的，和他们保持一致会增加安全感，使自己不至于出错。另一方面，权威人物的要求一般与社会规范相一致，按照权威人物的要求去做，比较容易得到社会各方面的认可。

因此，"权威效应"可以形成一股强大的影响力，只要善于利用这种效应，便可对其他人的行为和心理产生重大影响。

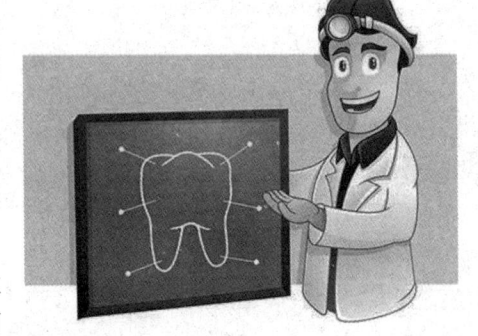

很多商家在销售活动中就经常应用"权威效应"，比如在做广告时聘请知名人物做代言人，或者让有影响力的权威机构进行认证，标榜自己的产品质量有多好。

销售人员在向客户推销产品时也可以应用"权威效应"，巧妙运用权威的引导力，将对销售活动起到极大的促进作用。

"权威效应"在销售活动中的具体表现形式主要有以下几种。

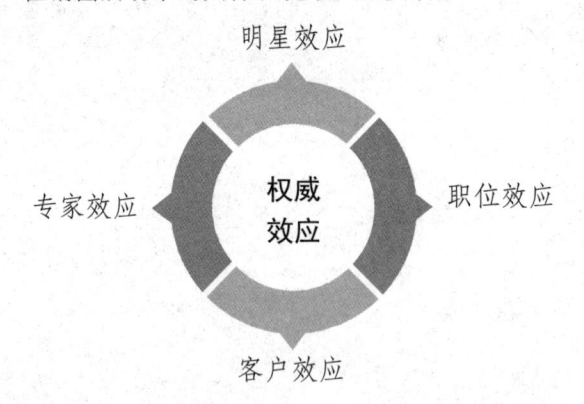

明星效应
专家效应　权威效应　职位效应
客户效应

1. 明星效应

如果产品有明星代言，在与客户沟通时可以着重强调这一点，利用明星的光环效应增强自己的说服力。当然，产品的质量和效果必须确实得到了认可，谨防明星代言虚假广告。

2. 专家效应

销售人员可以有效地借助业内专家的话或者借用专业资料里的内容，证实自己所说的内容并非只是个人观点，而是业内共识，得到了专家的肯定。

3. 职位效应

当在销售过程中遇到难题时，可以请区域经理或者店长来协助，因为他们的资格为其赋予了更加可信的说服力，往往很容易解决一些难题。比如，当客户要求更大的折扣时，销售人员可以通过请示领导来向客户表明，客户的要求确实无法满足，而且区域经理等领导也要以肯定的口吻告诉客户没有更大折扣，客户一般也就不再纠缠了。

4. 客户效应

客户对产品的使用体验和感受也对其他客户具有说服力。虽然这些客户不一定是知名人士，但其影响力也不可小看。只要销售人员能说出客户在哪儿，对其他客户来说也有一定的慑服力。

比如，"我们附近某个酒店的老板经常买我们的产品，反馈不错。"这样的信息会增加产品和品牌的可靠性。

案例32　业务员巧借客户同行带来的压力，促使客户签单

李海是一家营销公司的业务员，主要负责找客户做付费推广。有一次，他按照公司给的客户名单给一位公司老总打电话，还没说几句话，老总就说不需要推广。

李海又了解了一下，这家公司平时并未对网络推广有足够的重视，于是李海在网上根据这家公司的关键词进行查找，发现根本无法搜到这家公司，然而该公司的一个同行企业在三大门户网站上都做了推广。

第二天，李海再一次拨通了客户的电话，并没有跟他提推广，而是问："××公司是你们同行吗？我发现这家公司在三大门户网站上都做了网络推广……"

客户一声不吭地听完了李海的讲述，然后有些试探性地问道："哦，是吗？他们都在做网络推广？那像他们那样做一下要多少钱？"

李海知道这单生意马上就要成功了，因为他还没说客户就主动问起价钱了。然后，李海根据客户公司情况做了一个推广套餐的推荐，一个单子就这样签下来了。

"权威效应"是一种借力之举，但在运用时不可弄虚作假，而应实事求是，虚假的权威终究会被戳穿。

> **沟通技巧**
>
> 人都有寻求安全的心理，要想打消客户的疑虑，必须使其内心的安全感爆棚。借助权威效应，包括专家、专业机构、领导和其他客户的反馈来向客户证明购买产品不会有后顾之忧，客户的心理安全需求得到满足，自然会产生购买行为。

七、折中效应：让产品在不打折时卖出好价钱

每个人心目中都有一个心理账户，产品的贵与贱都是相对的，可以在心理上进行转化。

举个例子：假如你去买橙汁，店里有三种橙汁，容量都是500毫升，但第一种橙汁价格是12元，第二种价格是25元，第三种价格是58元，你会选择哪一种橙汁呢？

相信大部分人会选择第二种橙汁。这就是折中效应。人们的偏好不确定时，要想做出选择，往往需要承担一定的风险，而为了规避风险，人们往往会选择局中的选择，这样看起来更安全，不至于犯下严重的决策错误。

销售人员要想在不降价的前提下卖出产品，可以多为产品设置一些对比价格，使目标产品的价格处于各个产品价格的中间位置，让客户在做出购买决策时更倾向于目标产品的价格。

案例33 在理发馆理发多掏30元，都是因为"折中效应"

刘海昭与我是无话不谈的好朋友，对生活中的各种现象都很有兴趣，聚到一起总会相互交流彼此的看法。有一次，我看到刘海昭刚刚理发，就和他谈起了理发馆的事情。

刘海昭对我说，他理发一般去离家最近的理发店，而那家理发店的剪发价格分为两种：普通理发师理发的价格为38元，而总监理发需要花费68元。由于自己不需要设计特别的发型，他每次都是选择38元的。

不过，这一次他突发奇想，想要去另一家理发馆理发。进入理发馆以后，他看到价目表上有四种价格，分别是38元、68元、98元和128元，价格差异也是因为理发师的级别不同。但是，刘海昭鬼使神差地选择了68元的服务。

刘海昭对我说，他当时感觉98元的和128元的都太贵，没必要选择，而要选择38元的又有点丢面子，于是他选择了68元的服务。

我听完以后笑着说道:"我也经历过这样的事情,一看到三种价格,也不知道怎么回事,稀里糊涂地就选了第二种。理完发我才知道心疼自己的卡。不过我现在知道了,这其实是理发馆的一种价格策略。"

从这个案例中可以看出,客户面对多种价格时,常会因为面子问题而选择居中的选项,这样既不失面子,也不会被高价格所累。

> **沟通技巧**
>
> 每个人都有中庸心理,总觉得不走极端才是最安全的。当销售人员为客户标示出产品的各种价格时,客户就会启动心理机制,选择中间价格,这样既不失面子,也不会被高价"剥削"。

八、细分价格,价格再高也不会高不可攀

人们都想要获得物美价廉的产品,因此,销售人员说出产品价格时,往往会听到客户抱怨"太贵了"。客户还有可能说出下面的话:

"我在其他地方买的话更便宜。"

"我还是等价格降下来的时候再买吧!"

"我觉得价格太贵了,能不能再便宜点儿?"

销售人员应该拿出充分的证据向客户证明,产品绝对是物超所值的。不仅如此,销售人员还可以采用细分价格的方法来削减客户对价格的敏感度。当把一个比较大的金额分解为小金额时,小金额带给客户的冲击力肯定要远小于之前的大金额,自然就很容易接受了。比如,销售人员可以将价格按照年月日进行分解,减少巨额数字带给客户的冲击,从而使其觉得价格是非常值得的。

案例 34 设计总监细分装修设计费用,轻松打消客户价格疑虑

一位中年女士一身珠光宝气,来到一位颇具大师气质的设计总监的办公室。

"我非常喜欢您设计出来的作品,我的新房装修若采用您的设计,以后的生活一定具有很高的艺术享受。不过我还是觉得您的设计费太贵了,比其他设计师的设计费高出每平方米 600 元呢!"

设计总监听了中年女士的话并没有生气,而是拿起手边的纸和笔,在纸上写下"600 元",然后轻柔细语地问道:"女士,请问您在家里住多久?"

"当然是一直住下去了。"

设计总监说:"咱们先按居住 10 年来算,每平方米每年贵 60 元,那每个月贵多少呢?"设计总监说出这个问题以后便在纸上演算起来。

中年女士说:"如果照你这么说,每个月每平方米贵 5 元。"

设计总监又问道:"那按天算呢?每平方米每天贵 0.17 元。这样一算您还觉得贵吗?您经常去世界各地,住的酒店都是 5 星级的,随便住一天就要花费不菲价格。您这相当于是用很低的价格把五星酒店的设计搬回家啊!"

中年女士一琢磨,便露出笑脸,爽快地交了定金。

当然,在销售活动中还有很多其他运用价格细分法的场合,比如买房、买车或者买手机,分期付款可以减少经济压力,这样产品也能提前销售出去,更能赚取利息。因此,如果客户觉得产品的价格太贵,不妨建议他采用分期付款的方式来购买产品。

> **沟通技巧**
>
> 客户对价格是非常敏感的,销售人员在之前的销售环节都非常顺利,而在价格问题上碰壁也是正常的。销售人员要想方设法降低客户在价格上的敏感度,将其注意力从大金额分散到小金额,使其觉得产品原来并不贵,从而不再对产品价格斤斤计较。

九、多谈产品的价值,价格再也不是事儿

销售人员不要过早地提及价格问题,价格是涉及双方利益的关键,是最为敏感的内容,过早谈价格容易使客户的关注点只聚焦在产品价格上,双方一旦陷入价格争执中,销售成功的概率就会降低。

只有使客户充分认识到产品的价值,才能激起他们强烈的购买欲望。只要客户的购买欲望非常强烈,他们对价格的考虑就不多了。因此,销售人员在商谈中要尽量先谈产品价值,后谈价格。销售人员在与客户商谈价格之前,应先让客户对产品价值有基本了解,并认可其价值。

案例 35 销售人员展示办公椅的价值优势,降低客户价格敏感度

王振海在家具店做导购员,一大早刚一上班就迎来了一位客户。这位客户打算

第四章
提供无懈可击的理由，在任何场合说服任何客户

购买一把办公椅。听清来意之后，王振海带客户在家具店的办公椅专区看了一圈。

客户看了一会儿，指着一把椅子问："那把椅子多少钱？"

王振海走到那把椅子旁边，抚摸着椅子说："这把椅子要600元。"

客户不满地说道："怎么这么贵？旁边的家具店也有一把类似的办公椅，只要250元。让我来看的话，这把椅子应该更便宜才对啊！那一把可比这一把漂亮多了。"

王振海笑着说："这一把椅子光进货成本就快要600元了，我们每把椅子只赚50元。"

客户若有所悟地说："这样啊，那为什么这把椅子要卖600元？"

王振海觉得不能再单凭自己说来打消他的顾虑了，于是建议客户坐到椅子上体验一下。客户体验之后，觉得这把椅子稍微硬一些，但更舒服。

王振海看客户试坐完椅子后，接着告诉客户："先生，这把椅子之所以让您觉得更舒服，主要是因为椅子内的弹簧数与那把椅子的不同。这把椅子弹簧数较多，能够避免椅子变形而坐歪。坐姿不正容易使脊椎骨侧弯，长此以往会患上腰椎疾病。实话和您说，这把椅子光是弹簧的成本就要多出将近100元。不仅如此，这把椅子是可旋转的，旋转支架是纯钢材质的，使用寿命更长。"

"另外，虽然这把椅子看起来不如那把漂亮，但能让您坐很长时间都不会感到疲倦。椅子最重要的功能肯定是让人坐得舒服，一把好的椅子对经常坐在椅子上办公的人来说实在是太重要了。"

客户在听了王振海的说明后，终于不再嫌其价格贵，而是爽快地买下了这把椅子。

在这个案例中，客户对办公椅的价格提出质疑，而销售人员则对客户着重强调产品的质量和对客户提供的价值，打动了客户的心，从而打消了其在价格上的质疑。

> **沟通技巧**
>
> 销售人员着重强调产品价值，使客户认可价值之后再商谈价格，比较容易促使客户减弱对价格的异议，这在销售中被称为价值销售。产品的价值是客户购买产品的根本动力，是刺激客户购买欲望的源头，所以销售人员要在介绍产品价值上多下功夫。

第五章

强势推出产品卖点，让客户对产品无可挑剔

卖点是产品区别于其他同类产品的独特属性，是吸引客户的重要因素。强势推出产品卖点，销售人员就可能多卖一些产品。产品的卖点只要与客户的买点相互契合，就能迅速戳中客户内心，使其失去对产品的抵抗力，情不自禁地喜欢产品，进而购买。

第五章

强势推出产品卖点，让客户对产品无可挑剔

一、运用 AIDA 理论推介产品，让客户爱上产品

销售就像谈恋爱，销售人员不能过于着急，想着一蹴而就，而应该按照关系的培养过程循序渐进地达成目标。国际推销专家海英兹·姆·戈得曼经过多年实战总结出了一套推销模式，即 AIDA 理论，这是培养与客户的关系，促成客户购买的一种有效方式。

AIDA 理论的具体含义是，一个成功的推销员必须把客户的注意力吸引到产品上，使其对产品产生兴趣，这样客户的购买欲望也就随之产生，然后再促使其采取购买行为，从而达成交易。

从定义来看，AIDA 理论分为四个步骤。

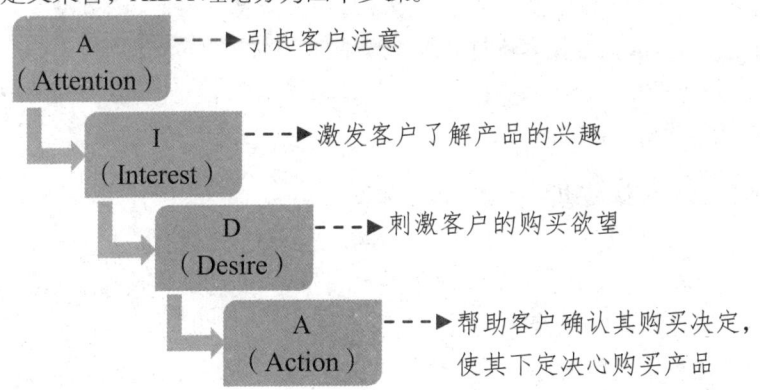

- A（Attention）----▶ 引起客户注意
- I（Interest）----▶ 激发客户了解产品的兴趣
- D（Desire）----▶ 刺激客户的购买欲望
- A（Action）----▶ 帮助客户确认其购买决定，使其下定决心购买产品

1. 引起客户注意

引起客户注意，也就是集中客户的注意力。可能销售人员在阐述产品的功能时，客户心不在焉，总想着其他事情，让销售人员白忙一场。要想集中客户的注意力，可以采用以下办法。

（1）保持与客户的目光接触，让客户感受到真诚与礼貌。

（2）利用销售工具，比如样品等。

（3）动员客户参与到销售过程中，比如向客户提问或者让客户做一些简单的与产品相关的事情。

有时销售人员一见到客户便会遭到客户的拒绝，何谈吸引客户的注意力？因此，销售人员要做好第一次见面的开场亮相，除了穿着、举止以外，还可以在销售工具上别出心裁，比如设计别具一格的名片等。

2. 激发客户了解产品的兴趣

如果客户能够满怀兴趣地听销售人员讲解产品，无疑会认同销售人员所推销的

产品，销售人员也就离销售成功又迈进了一步。

在推销时一定要选对客户，不需要该产品的客户无论如何都不会对产品产生兴趣，一切努力都白搭。遇到有需要的客户，最先要做的就是找到客户的需求，然后强化客户的需求，使其认同产品。

如果产品价格便宜，就要突出价格低的特点，如果产品昂贵，可以宣讲样板，说出令客户信服的第三方购买事例。

3. 刺激客户的购买欲望

虽然激发了客户了解产品的欲望，但要想使客户决定购买，必须激发其购买的欲望。因此，销售人员要让客户觉得购买产品所获得的利益大于所付出的费用。

销售人员要着重突出产品的特色，也就是与同类产品相比与众不同的地方，并强化客户得到它所获得的好处。

4. 帮助客户确认其购买决定，促成购买

只要前三个步骤做到位，最后一步可谓临门一脚，水到渠成。当激发了客户的购买欲望时，客户会主动提出购买来满足欲望，销售人员只要适当确认客户的购买决定是正确的，以逸待劳即可。

AIDA理论的贯彻实施是一个系统的过程，只要在每一个步骤上都能处理妥当，客户做出购买行为是顺理成章的事情。

> **沟通技巧**
>
> AIDA理论也被称为"爱达"理论，"爱达"形象地阐释了该理论的作用和推销机制，即吸引客户注意力，使客户对产品产生喜爱，从而产生购买欲望，并做出最后的购买决定。

二、为客户示范产品功能，消除客户对产品的疑虑

销售行业有一句话说得非常好："说一千道一万，不如产品示范。"正所谓"耳听为虚，眼见为实"，通过对产品的功能和特性进行示范，能让客户直观地感受到产品的功效和特点，从而激发其强烈的购买欲望，当场达成成交意向。

推销胶水，把胶水的用途说得再天花乱坠，也不如把胶水涂在一张纸上，然后再粘上另一个较重的物体，提着纸张就能把重物提起来；推销强化玻璃，可以拿着一把锤子，在向客户示范时用锤子敲打玻璃，展示玻璃的硬度。

不过，在向客户示范产品功能前要先判断自己的产品是否适合现场演示，比如是否拥有独特的卖点，使用后效果是否明显。如果产品能够达到这两点要求，便可以进行现场示范。

在进行产品示范时要注意以下几点。

1. 选择恰当的时机

销售人员应根据产品的特点和客户的购买心理选择示范的最佳时机，比如当客户对产品表现出兴趣时。如果客户对产品没有兴趣，则应先激发客户对产品的兴趣，再给客户做产品示范。在介绍产品的功能时，可以配合示范动作，从而增强语言的说服力。

案例 36　业务员用产品示范来做比较，让客户体会到好产品的奇迹效果

一家铸砂厂为了和一家铸铁厂建立供货关系，派出一名业务员前往铸铁厂商谈。通过预约，业务员只争取到了5分钟的时间。

我们可能会觉得，业务员肯定会非常珍惜这5分钟的时间，他一定会在这5分钟的时间内快速地说出重点。不过，业务员在见到铸铁厂的采购经理后，并没有说个不停，而是从包里取出一包砂，突然倾倒出来，办公室内很快就尘土飞扬，让人难以呼吸。

采购经理生气地喊道："你这是在干什么，难不成这就是你们公司的产品？我看你还是走吧，我不会买这样的产品。"

业务员听了采购经理的话，不慌不忙地说："抱歉，您误会了，这种尘土满天飞的产品正是贵公司现在正在使用的产品。"说完，他又取出另一包砂倒在纸上，而这包砂和上一包砂相比简直就是一个天上一个地下——这包砂不仅没有产生尘土，而且在性能、硬度和外观都要优良得多。

采购经理十分惊讶地看着眼前发生的一切，目瞪口呆。最终，业务员赢得了一份成交量巨大的订单。

2. 使用规范的动作

产品示范时要使用规范的动作，不仅可以给客户留下专业的形象，还能提升客户对产品的认知。因此，销售人员必须经过严格的训练和培训，掌握具体的操作规范，在实践中不断加以运用和练习。

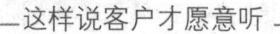

3. 让客户参与进来

增加与客户的互动，让客户参与到示范活动中，亲身感受产品的特性，往往会带来意想不到的效果，比如加深了解、增进信任、准确定位自身需求、激发购买欲望等。

一般来说，让客户参与进来的方法主要有以下四种。

- 01 请客户帮忙
- 02 邀请客户接触产品
- 03 调整示范节奏，抓住客户思路
- 04 询问客户的想法或感受

案例 37 顾客为孩子买玩具，导购员让顾客玩得开心，使其决定购买

商场的玩具柜台前，有一位三十多岁的男人在挑选玩具。他拿着一件电动小摩托不断观摩，看了一会儿便又放下了。

导购员刘慧珍看到后礼貌地问道："先生，您的孩子应该是一个小男孩，年龄在六七岁吧？"

顾客点了一下头，轻声说道："嗯，刚刚过了七岁生日。"

刘慧珍拿起电动小摩托，放在地上，操纵遥控器玩了起来。小摩托车在遥控器的操纵下顺畅地前进、倒退、旋转、转弯，非常灵活。刘慧珍一边操纵电动小摩托车，一边对男顾客说："这种玩具非常有利于锻炼小男孩的反应速度和领导意识。"她把遥控器塞到顾客手里："您试试看，很好玩。"

顾客玩了一会儿便非常顺手了，他禁不住好奇地问道："这个玩具大概多少钱？"

刘慧珍回答："300 元。"

"这么贵啊！"顾客随口一说。

刘慧珍友善地建议道："其实一点儿也不贵，与您孩子的未来相比，绝对是非常实惠的。再说教育投资应该以长远眼光来看，相信您一定明白这个道理。"

男子稍微思考了一番，最后心甘情愿地买下了这个玩具。

4. 留意客户的反应

在进行产品示范时一定要密切留意客户的反应，发现客户有疑虑要及时调整，抓住客户的意愿。

5. 产品示范不能出现任何失误

产品示范必须成功才能带来意想不到的正面效果，一旦失败，其结果必将是灾难性的、不可挽回的。因此，为了确保成功进行产品示范，销售人员应该不断地练习，预先制订出一套完美的示范流程。但是，做好这些的前提是销售人员必须非常熟悉产品，才能保证产品示范成功。

6. 产品示范的时间不宜过长

产品示范最好要起到立竿见影的效果，这样才能够赢得客户的心。假如客户需要等待几个小时才能看到效果，客户肯定会忍受不了等待的煎熬而离开。

一个成功的产品示范必须综合考虑各方面因素。除了上面提到的几方面之外，产品示范还要干净利落、规范安全，并富有趣味性。当然，要想提高产品示范后的成交率，销售人员还可以组合运用赠品、特价促销、限量销售等方法。

> **沟通技巧**
>
> 产品说明虽然可以使客户对产品有一定程度的了解，但是只向客户讲解产品功能，并不能迅速提高客户对产品的认知。配合适当的产品示范，就能增强说服力，同时还可以通过视觉刺激来激发顾客的购买欲望。

三、让客户对产品"上瘾"，想不买都难

让客户"上瘾"，客户会欲罢不能，产品的销量自然不是问题。能够让客户"上瘾"，足以说明客户黏性高。

任何营销活动都有两个基本目的，一是增加客户数量，二是增加客户的消费频次。如果客户群体数量无法增加，就需要想办法增加客户的消费频次，让客户重复消费，而让客户重复消费的关键就在于使客户对产品产生一种依赖感，形成"成瘾性"消费。

那么，该如何让客户对产品"上瘾"呢？

1. 创造高附加值

客户购买产品是为了满足自己的某种需求，如果销售人员提供的产品不仅能满足客户的基本需求，而且能超越客户的期望，为客户提供他意想不到的服务，客户的重复消费欲望就得到了增强。比如，顾客买麦当劳的汉堡是为了满足自己或者孩子的口腹之欲，但麦当劳除了提供食品之外，还能为儿童提供一个欢乐游戏的场所，使顾客获得了超越产品本身期望的价值，这也正是麦当劳频获回头客

的重要原因。

案例38　海底捞用优质服务为顾客提供高附加值，让顾客欲罢不能

　　海底捞无疑创造了餐饮业的神话，它以独一无二的优质服务，使诸多见多"食"广的食客夸口称赞。

　　食客一到海底捞，从停车场开始就能感受到海底捞的气场，这里的保安着装规范，对每一位顾客都敬礼敬意，耐心友好地为顾客停车。为保证客户拥有良好的体验，海底捞制订了一整套流程，一旦遇到上餐过慢时，服务员会在顾客等待时免费向其提供小零食、水果、擦皮鞋、美甲和上网服务，等到顾客用餐时，服务员热情地为顾客送上围裙、手机套等，而且会不时地递上热毛巾，添加茶水，戴眼镜的客户还能获得眼镜布。海底捞的服务可谓细致入微，让顾客体验到了在其他店所没有的附加值。

　　海底捞用给予顾客高附加值的方法让顾客形成"成瘾性消费"，尽管高附加值为企业带来了不小的成本，但从长远来看，顾客的"成瘾性消费"让海底捞获得了长期利益。

2. 设定会员制模式

　　由于会员可以享有特殊待遇，比如享受产品优惠，参加各种非营利性活动，享受更多尊贵待遇、获得礼品等，这无疑使客户增加了对产品及其公司的依赖性，客户黏性会显著提高。

3. 增强归属感

　　客户对产品的需求除了最基本的功能以外，还要反应人的个性。每个客户都是一个具有独特个性的个体，有其相对应的喜好、品位、态度，也更重视自己的感受，客户愿意付出更高的成本来购买匹配自我价值的产品。

产品的品牌都具有某种品牌调性，这就容易将各种客户群体在心理层面区分开，形成一个圈子，圈子里的人因为共同的消费更容易找到话题，更容易沟通。这个圈子也许象征着某种身份，也许代表着某种共同的价值观，这种认同感也会推动这个圈子越来越大，让其客户形成一种强烈的归属感。

> **沟通技巧**
>
> 让客户爱上你的产品，就是让客户和你的产品"谈一场恋爱"，用产品优秀的功能和特性"撩"起客户的情感，通过为客户提供高附加值增强客户黏性，并让客户产生归属感，就能让客户形成"成瘾性"消费。

四、做产品专家，用客户能听懂的专业语言说服他

我们在前边讲到过"权威效应"，人们都有相信权威、行家或者专家的心理，这样会使人们的安全心理得到满足。因此，销售人员在介绍产品时也要做产品专家，说关于产品的专业性话语，打造专业形象，以免客户生疑。

这一方面要求销售人员事先掌握专业的产品知识，能对客户问到的任何产品问题对答如流，同时面对客户的质疑，销售人员不能惊慌失措，一定要处变不惊，及时拿出处理措施。

案例39 销售人员对卡车载重提出专业看法，客户决定购买大卡车

一家物流公司的采购人员来到汽车公司商谈购买卡车的事情。他本来想购买载重4吨的大卡车，但后来由于成本方面的考量，改变了主意，转而购买载重2吨的卡车。

销售人员刘兆得知情况后，马上与客户进行了沟通。一见到之前的那个采购员，刘兆就问道："请问，您的公司运输货物的平均重量是多少呢？"

客户说："2吨左右吧。"

刘兆说："您的意思是说有的时候多，有的时候少，是吗？"

客户说："嗯，确实是这样。"

刘兆终于探明了情况，他信心十足地对客户解释道："选择卡车的载重量不仅要考虑载货重量，还要对行驶路面的路况进行考虑。假如在丘陵地区运货，再加上现在是冬天，汽车本身的压力要比平时大，您说呢？"

客户点点头，说："嗯，是这样。我们很多业务就是在这样的环境下进行的。"

刘兆进一步说道:"您刚才提到,贵公司需要运输的货物重量在2吨左右,一旦重量超过2吨,冬天行驶在丘陵地区,卡车无疑是处于超载的状态。这对卡车和司机来说都是很大的威胁。"

客户沉思起来,迟迟拿不定主意。

刘兆又说道:"您看是不是留有余地会更好一些?这样还可以延长卡车的使用时限。"

客户的眼神放光:"那您的意思是……"

刘兆说:"我们可以将使用寿命和价格综合起来进行考虑,我这里有一张对照表,您可以参考一下。"

客户看完对照表以后,终于下定决心购买了载重4吨的大卡车。

当然,销售人员在进行专业性的讲述时也要分清现状,客户并不一定对所谓的专业知识很理解,如果说的话过于专业枯燥,客户反而越发不理解产品的特征,销售人员的讲解便起到了反作用。不仅如此,客户还会以为销售人员在卖弄知识和学问,想要通过高深的知识来欺骗他们,从而让客户产生不信任感。

比如,在介绍科技产品的时候不要把那些所谓的参数或者英文缩写名称说出来,一旦说出来只会让客户一头雾水,不知所云。

总之,销售人员的专业化要做到平衡性,既能让客户感受到专业性,也不至于让客户糊涂,只有这样才能为销售打开一片广阔的天地。

> **沟通技巧**
>
> 销售人员要善于利用"权威效应",通过讲专业性话语阐述产品特色,塑造自身的专家形象,以此来吸引客户的关注,让客户产生信赖。但要注意的是,专业性话语不能过度,一定要简洁明了,让客户听得懂。

五、突出产品卖点,击中客户购买需求

市场竞争日益激烈,产品同质化现象严重,很多不同品牌的产品在客户面前就如同一个模子里刻出来的,客户无法做出购买决策。因此,销售人员必须寻找自己的产品与众不同的地方,使客户对产品做出区分,用差异化特色击中客户的购买需求,使其不得不购买。

如果自己的产品和竞争对手的产品相比没有卖点,也要试着给自己的产品找亮点,找到和竞争对手不一样的亮点,这是属于自己的卖点,然后把卖点做到极致再

推出去。比如，当消费者在购买手机时，销售人员肯定不会说什么手机可以打电话、发短信之类的话，而是介绍手机的外观、像素和音质等。

以王老吉为例，王老吉在饮料行业中算是后进者，但其营销卖点非常成功，"怕上火，喝王老吉"，这句广告语以预防"上火"为卖点，让王老吉在康师傅、娃哈哈等大品牌中挤出一片天地。如果王老吉当时把饮料定位为普通饮料，市场肯定不会这么大，因为论量不够多，论价格不够便宜，竞争力比较低。

案例 40 客户挑剔吹风机无特色，细心的销售人员说出令客户振奋的卖点

王磊是一家电器公司的推销员，他拿着公司最新推出的电吹风机去客户家拜访。客户是一位年纪不大的漂亮女性。王磊觉得这款新式电吹风机肯定会吸引客户的注意力。

为了不让自己的推销目的性过于强烈，王磊来到客户家里以后，先跟客户及其父母打了一声招呼，然后热络地聊起天来。

在聊天过程中，王磊不经意地把电吹风机放到桌子上。客户见到后，问道："这是你们公司的电吹风机？"

王磊随意地回答道："对啊，这是我们公司最近新推出的一款产品。您觉得它的色泽怎样？"

电吹风机是粉红色的，正好迎合年轻女性的喜好，谁知客户摇了摇头："粉色的显得太幼稚了，而且这个电吹风机很小啊，吹出来的风是不是很少？"

王磊轻松愉快地解释道："不会的，这款电吹风机虽然体型小，但风力强劲，可以调节档位，自己选择风速，而且吹出来的风温度适中，不会过凉或过烫。"

"你这说出来的特点哪一个电吹风机没有？"

客户的质疑让王磊差一点儿慌了神，他突然觉得，自己好像忘了该产品的一项独特优势，他不禁出了一身冷汗。

正在这时，客户的母亲从卫生间洗完头出来，嘟囔着说："咱们家的电吹风机怎么总搅住我的头发啊，麻烦死了！"

王磊这才想起来这款新产品的优势，于是激动地对客户说道："刚才您母亲的苦恼以后不会再发生了，我们这款电吹风机就能够有效防止缠发，您可以让您母亲试一试。"

客户刚才被母亲的嘟囔苦恼了一会儿，听到这款电吹风机还有这功能，于是便让母亲试了试，果然很有效。最后客户非常开心地买下了这款电吹风机。

在介绍产品卖点时，要特别注意以下两点。

77

1. 扬长避短，规避产品无法满足的客户需求

在销售产品时，要尽量抓住产品的突出特点，强调产品的优势，淡化产品的弱势。假如不能用产品的价值和优势打动客户，那么在接下来的销售工作中就会非常被动。

2. 针对客户需求点中的关键部分介绍产品的功能

在介绍产品卖点时，一定要与客户的需求相联系，否则不会产生任何效果。如果针对客户的需求强化产品的卖点，客户就会对卖点产生深刻的印象，从而自发地购买。

总之，每一个产品都应该是独一无二的，独具特色的卖点才是吸引客户购买的利器。

> **沟通技巧**
>
> 销售人员要懂得突出产品卖点，这样才能吸引客户的注意力，激发客户的购买欲望。但前提是必须了解客户的买点，找到客户买点与产品卖点的契合点，这样才能顺利将产品推销给客户。

六、主动"晒"出产品的问题，客户会觉得瑕不掩瑜

任何事物都有两面性，只说好的一面，隐瞒不好的一面，这无疑于欺诈。不仅如此，销售人员若将产品介绍得完美无缺，也会引起客户的怀疑。

只有向客户真实反映产品的优缺点，站在客户的角度考虑问题，销售人员才能取得客户的信任。销售人员不一定非要有三寸不烂之舌，把产品吹得天花乱坠才能卖出产品，真实地说出产品的缺点，有时反而让客户对产品增添了一份信任和安心。

案例 41 房地产销售人员做回访时指出房产缺陷，增强客户的购房意向

金冠房地产开发公司的销售人员高晓声在前几天带一位客户看了房子，这一天他打电话做回访，然而客户说他并不满意。

"小高，上次你带我看的房子不太好，我还是再看看其他的吧。"

高晓声问："您是需要靠近东三环的一套房子吗？我们在东三环外不远处的秀水公寓找到了一套您满意的户型。三室两厅两卫，A座第五层。这里的交通很方便，以后带孩子上下学也不麻烦，离您上班的地方也不远。"

第五章
强势推出产品卖点，让客户对产品无可挑剔

客户听完之后说道："我昨天刚看了一个与你说的差不多的户型，但我会抽时间去你那边看一看，做一下比较的。"

"对，是该比较比较。我为您推荐的这套房子本来我觉得很理想，可仔细一研究又觉得有一些地方不太完美。这套房子被前面的楼遮盖住一部分，导致客厅采光不足，而且小区没有车库，离商场不太近。"

客户的声音在电话中显露出一丝犹豫："噢，采光不足啊……"

"嗯，是的。但这套房子每平方米的价格跟同一地区的其他房子相比要便宜5%。"

客户还是存在一些疑虑："哦？"

"×先生，这里虽然有缺点，但绿化面积大，空气质量好，而且文化氛围浓厚，有很多文化名流在这里居住，并且小区里还有图书馆。×先生，这套房子我向您介绍了这么多，好坏两方面都说了，不知道您有什么看法？"

"我的工作是给多家公司做兼职策划，环境安静一点儿比较好，而且这个位置离我爱人上班的地方也不远。虽然采光不好，但也比我们现在住的一楼好得多。我们去商场可以开车，所以离商场远一点也没什么，不过没有停车位我们该怎么停车啊？"

"公寓前面有一块空地，您可以把车停在那儿。如果明天您有时间，您可以带着您的夫人一起来看看这套房子。"

"哦，好的，再见。"

销售人员先列出客户可能介意的缺点，就可以使接下来所提的优点更有可信度，而且后面的优点还会冲淡前边所提到的缺点的严重程度，使客户对产品的优点更加印象深刻。

> **沟通技巧**
>
> 任何一件产品都不会只有优点而没有缺点，客户也明白这个道理，如果销售人员只说优点，把缺点隐瞒下来，客户的心里会产生疑问和不信任，一旦购买之后发现问题，会更加不满。因此，销售人员要勇于说出产品的不足，然后再强调产品的优点，这样会更可信。

七、运用富兰克林销售法，让客户在对比中衡量购买的价值

客户在买与不买之间难以抉择，这恐怕是史上最难的问题——选择恐惧症。不过，销售人员可以运用富兰克林销售法，让客户一目了然地看清购买产品所获得的利益和缺点，对比之下决定自然就产生了。

据说，富兰克林在做一件事情的时候有一种习惯，用笔在一张纸上画出一条线，左边写上决定的好处，右边写上决定的坏处，通过对比来决定做还是不做。如果好处更多，就做；如果坏处更多，就不做。这就是富兰克林销售法的来源。

运用富兰克林销售法，要鼓励客户考虑事情的正反两面，突出购买是正确选择。具体做法如下：

在一张纸上画出"T"字形的两栏，左边写上肯定的部分，右边写上否定的部分，也就是说，把购买产品的好处事无巨细地写在左栏，而在右栏写上客户感知到的或者未感知到的坏处，让客户对好处和坏处进行对比。

这种做法便于客户进行利弊比较，说服力强，让客户感觉到销售人员只是代表自己把评估客观地写在上面。而且由于当场书写好处和缺点，时间和信息有限，客户不太可能想出太多否定的因素，这对销售人员来说更有利。

案例 42　销售人员在纸上写出房产的优缺点，客户在对比之下做出决定

黄威在房地产销售公司做销售人员，他有一个客户准备买一套房子，每周末都会带家人去看房，但客户是个犹豫不决型的人，总是在反复比较，用了3个月的时间，几乎快要把城里三环以内的所有新小区看遍了，最终确定了两个地方，但在这两个地方还是难以做出抉择，后来客户请黄威帮她参谋一下。

黄威看过那两套房子之后，他非常明白，其中一套房子价格更高一些，但优势也很明显，于是问客户："您为什么觉得这个房子还可以？"

黄威拿出一张纸，在上面画上一条线。"您说说买这个房子的理由和不买的理由，我把这些理由分别记在纸的左右两栏，到时候您就明白了。"

客户说："如果要买的话，理由就是这个房子离学校比较近，适合孩子以后上学，还有就是距离公婆住的地方也比较近，一来可以照顾看望他们，二来工作忙的时候他们也可以帮忙照看小孩。"

黄威问："还有吗？"

客户想了想，说："还有就是距离商场近，购物方便。"

黄威记下之后，又问客户："那不购买的理由是什么？"

她说："这套房子比另一套房子每平方米贵五百块钱。"

黄威点了点头，在纸上写下这个理由，然后把这张纸递给客户看。

购买的理由	不买的理由
1. 离学校近，孩子上学方便	每平方米贵 500 元
2. 距离公婆近，相互有照应	
3. 距离商场近，购物方便	

很显然，购买较贵房子的理由更多也更重要，因此黄威建议客户尽快做出决定，于是客户一次性支付了 120 万元买下了这套 150 平方米的房子。买完之后，他的家人还说他太草率了，但没过几个月房价开始疯涨，直到现在已经价值 300 万。

富兰克林销售法又叫理性分析成交法，这种理性分析看起来很复杂，其实非常容易打动客户的心，尤其是对那些犹豫不决和分析型顾客，更需要用这种方法帮他做决定。

然而，运用富兰克林销售法还需要掌握一定的时机，其前提就是要说服客户愿意配合，然后才能引导客户逐步做出成交决定。

其实，富兰克林销售法只是在与客户做前期沟通时引导其说出愿意购买或拒绝购买的各种理由，而当客户说出理由之后，销售人员必须借助其他方法进一步促进成交。

> **沟通技巧**
>
> 客户迟疑不决，销售人员可以运用富兰克林销售法，把购买产品与否的理由逐一罗列出来，让客户自己比较判断。这些理由都是客户的真实想法，在强烈的对比之下，客户很快就会权衡利弊，从而做出正确的决定。

八、用形象语言创造画面感，激发客户对产品的向往

人是具有想象力的生物，对一件事物的憧憬和美好想象会极大地刺激人们想要去拥有那件事物。

乔·吉拉德说过一句话："感觉听起来抽象，却是征服客户的强心针。"销售人员在与客户沟通时，若能形象地描绘拥有产品之后的画面，充分调动客户的想象力，会让客户对产品的印象非常深刻，理解得也更为透彻。

人的想象力非常惊人，而且不同的人对同一个

事物也会有不同的看法。因此，销售人员要运用专业和形象的语言为客户的想象力铺平道路，发展客户的想象空间，引导客户朝着自己设定的方向想象，从而达到销售目的。

当然，销售人员在说话的时候一定要减慢语速，压低声音，还要保持足够的信心，让客户相信自己的权威性，从而相信自己说的话。

比如，销售人员销售跑步机时可以这样说：

"早上起床之后，您伸了一个懒腰，穿上休闲装和运动鞋，走到窗前呼吸新鲜空气。天气很好，阳光明媚，您踏上跑步机，轻松舒畅地开始跑步，速度由慢到快，渐渐地，您的身上开始出汗，您知道锻炼的时间已经够了，便走下跑步机，来到卫生间洗漱，梳洗整齐，穿上刚刚购买的衣服，信心百倍、神清气爽地去公司上班，开始了一天的工作。"

销售人员所说的都是让人心情愉悦的场景，跑步机嵌入这个场景中，本身也被渲染上一层开心快乐的氛围，贴上明显的心情标签。在客户的美好想象下，他怎能不为拥有一个带来如此好心情的跑步机而心动呢？

生动形象的描述比干巴巴的介绍要有效得多，客户听了销售人员的动人描述，便会对未来怀有憧憬，开始想象拥有产品的幸福和快乐。

不过要注意的是，销售人员在介绍产品时最好要出示实物，然后再说出能够调动客户想象力的话，让客户在事实的基础上发挥自身的想象力，从而对产品产生强烈的认同感。

> **沟通技巧**
>
> 人都有感性的一面，人们都会不自觉地憧憬美好。销售人员如果能充分调动客户的想象力，使客户进入对产品的美好想象中，客户对产品的抵抗力便不复存在了，购买产品也成了顺理成章的事情。

第六章

客户话里有话，秒懂弦外之音避免错失良机

很多时候人们并不了解自己的真实想法，有时随口一说，或是为了敷衍，或是因为压力。销售人员遇到客户的拒绝或异议时，一定要摆正心态，不要因为客户的几句"非议"就乱了阵脚，而应该听懂客户的弦外之音，抓住客户真实的需求，避免错失良机。

一、"没兴趣"：客户只是对产品还不够了解

还没听完产品介绍就连连摆手，说"不需要""没兴趣"，客户的这种话只是随口说说而已，如果销售人员对客户的话信以为真，备受打击转身离开，其实就等于把机会拱手让人。

被客户拒绝并不可怕，大多数销售人员随时遭受着被客户拒绝的折磨。但是，拒绝实际上也是一种沟通方式，客户如果既不赞成也不反对，一直保持沉默，沟通反而无法正常进行。

其实，通过进一步的努力和开发，客户的需求和兴趣是可以产生的。所以，销售人员在听到客户说"不需要""没兴趣"时，一定不要放弃，要冷静地采取适当的策略来引导出客户的需求。

销售人员在引导客户需求时可以这样讲：

"经理，您目前并不感兴趣没关系，但最好还是尝试一下这项业务，一定会对您的公司有很大的好处的！我想您还是有必要了解一下情况，而且有什么需要帮忙的可以随时联系我。"

"经理，暂时不需要不代表永远不需要，您提前了解一下市场行情和产品情况，这对您将来购买相关的产品不是很有助益吗？其实我跟您做一个产品介绍也用不了多长时间，而且您听一听也绝对没坏处，您说呢？"

"您对我们的产品不感兴趣，是因为您现在已经购买了相关产品，还是因为其他原因？如果您没有购买相关产品，为什么不能先了解一下呢？"

那些说自己不需要的客户往往是购买意愿非常强烈的客户，只是他们不明白产品能够带给他们多大的好处，没有强烈意识到自己对产品的需求。所以，关键就在于让客户认识到自己的需求。

案例43　客户说"没兴趣"，销售人员设身处地提出建议，客户被打动

保险销售人员李涛来到客户刘总家里，向刘总介绍了保险计划书中的内容以及各项细节，然而他在说完之后得到了刘总这样的回答："真的很抱歉，我对保险实在没有兴趣。"

李涛听到过很多类似的话，他处变不惊，沉稳地说道："没兴趣？这很正常，如果一个人对保险非常感兴趣，那才是有问题呢。那样我们保险公司就会很害怕。而您对保险没兴趣，这说明您不会在保险上面产生道德风险，我们公司最佳的承保对象就是您这样的人。

第六章
客户话里有话，秒懂弦外之音避免错失良机

"您肯定觉得我这是在开玩笑，其实我说的是实情。我的一个同事对我说，他之前办过一个保险，客户说是为在南方的父亲投保，因此拿了保书自己填，保险生效后没过多久客户的父亲就去世了。后果我们公司经过调查发现，客户的父亲居然在投保时已经瘫痪在医院里了。这份保险当然无效，而我那同事也被公司惩罚，因为他没亲自去看一下被保险人。这种类似的案例简直数不胜数。人们在平时认为保险就是在浪费钱，但一旦出现生病或者其他意外事故，恨不得多买些保险来弥补，但为时已晚。"

客户连连反驳道："我肯定不会啦！我的身体状况很好，而且时常健身，不会出现那种情况的。"

李涛说："先生，就是因为您现在身体好，所以必须在正常状况就提前准备，防患于未然，而且您在健康时投保花的费用更少。比方说，您一定替您的员工投劳保吧，为什么？就是担心他们一旦发生事故，他们和您的损失都太大了。

"您也不能光为员工着想，在公司里，您的健康与安危对公司的发展有着直接的影响甚至是决定作用。所以，投保不能根据有没有兴趣来决定，它就像船上的救生圈，车子的刹车、备胎，家中的灭火器，那是绝对的必需品啊！"

客户沉思了一会儿，最终愉快地购买了一份保险。

销售人员要与客户深入沟通，确认客户不感兴趣的原因，然后在尊重客户态度的基础上理解对方的感受。比如，销售人员可以这样说："难怪您会这样想，可能是我没有说明白，实际情况是这样的……"

当解答了客户心中的疑问以后，如果客户已经出现购买意愿，销售人员要在恰当时机多尝试促成的行为。

大多数情况下，客户决定购买的信号可以通过行动、言语或身体语言反映出来。在与客户沟通的过程中，销售人员要留意捕捉这些信息，及时领会客户的真实意图。

> **沟通技巧**
>
> 销售人员希望客户购买产品，而客户不可能一开始就十分爽快地做出购买的决定，有时是因为客户并未对产品有足够的了解，以防万一，只好以一句"没有兴趣"作为借口拒绝。销售人员要做的就是努力找到客户的需求，用合适的话语解答客户心中的疑问，破除其心中的疑惑，促成购买行动。

二、"我先随便看看"：客户心理压力比较大

走马观花，随意的脚步隐藏的不是闲适的心境，而是紧张的情绪。在日常销售

中，我们时常会听到客户说"我先随便看看"，请不要以为客户没有消费欲望而对其不理不睬，这样只会失去客户。

一般情况下，客户在进入不熟悉的销售场景时都会产生不适应的感受，比如在商场里，客户不喜欢导购员跟着，有人随时在身后跟随就有一种被跟踪的感觉，心里会不舒服，产生巨大的心理压力，从而迫使他不得不离开，以便逃离这种压抑的感觉。

在面对这类客户时，要注意避免以下几种应对方式。

（1）好的，那您自己先看看吧！

这种回答很容易流失客户，客户在你不知不觉中就会离开销售场合。

（2）还是我给您介绍一下吧！

这种说法对客户来说总有一种被死缠烂打的感觉。

（3）没关系，反正我现在也没有客户！

这句话太随便了，让客户感觉销售人员无事可做，非要跟着，这种殷勤让其产生反感。

（4）不再说话，不搭理客户，做自己喜欢做的事情。

这更像是销售人员"以其人之道还治其人之身"，但客户没有得到任何回应，购买需求和购买欲望会很快消退，从而悄悄离开。

面对这类要先"随便看看"的客户，销售人员最好先回避一下，与客户保持2.5~3米左右的距离，以一个较好的角度来观察客户的举动，随时发现客户的购买信号并及时跟进。而且销售人员在与客户沟通时要说对话，尽量避免用提问的语句接近客户。比如：

"请问有什么需要帮助的吗？"

"您喜欢哪一个？喜欢的话可以试一下。"

"请问您喜欢什么风格的？"

这样的提问会给客户带来很大的压力，从而使其以"我先随便看看"来作为逃避的手段。

销售人员可以巧妙借助客户的话题，使其转变成接近客户的理由，向客户提出一些他们比较关心而又易于回答的话题，从而有利于销售。比如"是的，先生！在决定购买之前当然要多看看。不过我们这款产品受到很多客户的喜爱，您可以先了解一下！来，这边请……"或者"没关系，先生！您现在买不买没关系，您可以先了解一下我们的产品，来，我先帮您介绍下……请问，您比较喜欢什么款式的产品？"

如上面两个例句所反映的，在客户说出"我先随便看看"后，销售人员应以轻松的语气来缓解客户的心理压力，同时简单介绍产品的特点，然后以提问的方式引导客户回答问题，深入展开发问，使销售过程得以顺利前行。

> **沟通技巧**
>
> "我先随便看看"，这可能是客户掩饰紧张情绪的方式，也可能是其不信任销售人员或者产品的表现。销售人员所要做的就是用轻松的语言缓解客户的心理压力，然后把客户的关注点引到产品上，从而在与客户的沟通过程中让销售工作顺利进展。

三、"以前用过，但不好"：客户还对该产品心存感情

遇到客户的这句话："以前用过你们的产品，很糟糕。你们说得挺好，但质量我很清楚。"很多销售人员往往觉得受到了屈辱，不由自主地反驳道："怎么可能？你不要乱说好不好？"说完这句话以后还有可能再啰唆地讲一大堆对产品做出的改善，一不如意还会跟客户争吵，从而不欢而散。

对客户而言，他讲出这些反对意见并不是恶意的，既然他愿意与销售人员面对面沟通，还有兴趣拿起产品观摩一番，这就表示客户对销售人员或产品有好感，有着比较强烈的购买欲望。

我们应该理解，客户之所以有反对意见，很多时候是因为存在误解，对产品的偏见随着时间日积月累而逐渐加深，所以销售人员可以试着找出背后的真正原因，征求客户的意见。

征求客户意见的方法大概有以下六种。

开放型（概括询问）：
这是怎么回事呢？

半开放型：
您说的是关于产品还是售后服务呢？

肯定型（只谈优点）：
哪几点您觉得非常好呢？

征求意见

否定型（只谈缺点）：
您觉得哪几点非常不理想呢？

选择型（提供选项）：
您说的是操作、设计、安装还是售后服务方面？

强制型（集中强调某一点）：
在故障方面您觉得怎么样？

只要能够找到客户产生异议的根源，销售人员就能有针对性地解决客户的疑虑。销售人员一旦将客户的最后顾虑消除掉，客户也就没有理由不购买产品了。

> **沟通技巧**
>
> 客户说产品不好，并不是故意与销售人员过不去，相反，这说明他对产品还有兴趣。销售人员要做的就是询问原因，找到客户认为产品不好的根源，然后及时解决问题，客户对产品的兴趣会由此更进一步，销售成功的可能性就会增加。

四、"过段时间再买"：今天有买的可能

客户对产品再满意可能也说不出那一句"我买了"，心中隐忍的购买冲动就随着一句"过段时间再买"慢慢消退。这是一个奇怪的矛盾体：一方面有需求，另一方面又暂时不需要。

在遇到客户说出这句话时，很多销售人员一般会这样回答：

"要打折可说不准到什么时候了。"

"我们现在就可以给您优惠。"

"这一款产品这么好，您又这么喜欢，为什么还要再等呢？"

"等到打折的时候，您想要的这款产品可能就没有了。"

第一句话等于告诉客户可能会打折，只是时间未定，既然价格还会下降，客户自然不想在当天购买了；第二句话很容易引发双方之间的价格拉锯，客户很有可能会问打几折，销售人员一着急就随口说一个折扣，这无疑是在给自己找麻烦；第三句话和第四句话虽然给客户一种等待的不利之处，但并未积极引导客户走向购买环节，无法促使客户迅速做出购买决定。

销售人员在遇到这种情况以后要尽快明确客户的真实意图，从而把产品销售出去。

一般来说，客户说出"过段时间再买"这句话主要有以下几个方面的原因，销售人员要根据不同的原因采用不同的对策。

1. 还有问题没解决

这时就要询问客户还在担心什么问题，客户只要说出问题，销售人员便能找到方法去解决问题。

2. 觉得产品不足够好

遇到这种情况时，就要强调产品的特点和优势，哪怕之前早已说过也可以重复

说一遍，甚至补充产品存在的价值。这样做可以持续增加客户对产品的重视程度，客户只有足够重视了才能下定决心购买。

3. 认为现在不是购买的时候

找出客户的顾虑，帮助他分析形势，让他珍惜当下，明白现在购买就是最好的时机。客户想要过一段时间再买，说明他对产品并没有十分迫切的需求。销售人员要了解客户心理，判断客户在购买和拒绝之间的犹豫，然后在"购买"这一个方面增加砝码，客户就会偏向于购买。因此，做销售就要使客户认识到购买产品的必要性和迫切性。

案例44　客户想过段时间再买，但被"抢占市场先机"刺激而购买

前段时间，张国浩的客户要购买两台设备，可是后来又不打算买了。张国浩找到客户，询问其理由。

客户："算了吧，没有什么理由，我说了，这段时间不需要，等过一段时间再买吧。"

张国浩："李总，这两台设备降价很厉害，已经降价10多万了，价格在以后只会涨，不会落了。"

客户："关键现在对我来说没用啊，就是白送给我都不要。我是做生意的，不能进一批无用的东西占用资金和库存，亏本的生意我可不做。"

张国浩："李总，我记得您之前对这两台设备非常感兴趣啊，为什么现在突然改变主意了？"

客户："计划赶不上变化，现在公司效益不好，在缩小生产规模，我也是不得不取消之前的订单。"

张国浩："李总，赶快做决定吧！咱们交往这么长时间了，您应该信得过我。"

客户："我知道你开出的价格很实惠，但我只要购买就是赔钱的，过段时间再说吧！等到时机好转了，我一定会购买你的设备的。"

张国浩眼看不能突破客户的心理防线，急中生智，对客户说："李总，虽然我为您争取的优惠只有10%，但更换设备之后产生的巨大经济效益就不能单纯地用金钱来衡量了吧。采用全新的设备，您的公司就能提高生产效率，加快达到生产目标。现在整个行业不景气，谁抢先一步占领市场，谁就将获得最大市场。您说呢？"

客户犹豫了一会儿，最终肯定了张国浩的意见，并夸奖道："你可真是一个专家啊，幸亏听了你的意见，不然我可就损失大了。"

4. 害怕订错了

对客户承诺，签订单后依然可以退换，从而降低客户心中对订单的预期风险。

> **沟通技巧**
>
> 客户说出"过段时间再买"时，他就已经不准备在今天购买，而下一次购买的时间尚未可知。因此，销售人员一定要将客户留在店里，创造销售产品的机会。销售人员可以进一步讲述产品的优势，增强客户对产品的良好印象，并强化此刻不买的弊端，促使客户下定决心立刻购买。

五、"我再考虑考虑"：趁热打铁，挡住客户拒绝的借口

面对推销，客户即使确实有需求，也会由于警惕心而找一些借口来回避，因此才会说出"我再考虑考虑""让我想一想"诸如此类的话。这样的话只是表象而已，销售人员要找出真正的拒绝理由，然后有针对性地加以解决，才有可能推销成功。

做事要趁热打铁，当客户刚说出"我再考虑考虑"这样的话时，我们就应立即想办法阻挡客户的借口，比如可以这样说：

"不好意思，是不是我的介绍有的地方让您没有弄明白，不然您不会说'我再考虑考虑'了。您是有什么顾虑吗？"

这样的询问会给客户留下认真、诚恳的印象，还能把话题继续进行下去，阻止客户离开。

其实，我们要做的就是让客户尽量减少考虑的时间，甚至阻断他考虑的可能，因为客户考虑得越久，成交的机会就越小。那么，我们究竟该如何应对客户这句话呢？

1. 逼近一步，查找真相

就像上面提到的那样，作为销售人员，要诚恳地询问客户想要考虑的原因，以此来进一步了解客户的真实需求。销售人员向销售人员应客户示弱，尽早知道原因，越早越好，从而想办法应对。

2. 真诚地建议客户购买

客户仍要考虑考虑，只能说明他的购买决心还没有最大化。要想让客户最终下决心购买，最好的方法就是把坏处说透，击中客户的需求痛点。比如汽车的刹车片，由于它隐藏在车底下，很多客户在更换刹车片时容易犹豫不决，毕竟对它缺乏足够的了解，但它与汽车的安全性能有很高的关联度。如果客户对换刹车片犹豫不决，我们

可以把刹车片发生故障后的严重后果阐述一遍，让其产生恐慌情绪。其实，这在某种意义上也是对客户生命安全的负责，而安全无小事。

3．真诚地送别客户并留下联系方式

有时客户执意要离开，只是以"我再考虑考虑"为托词而已。这时不能死拉硬拽，尽管没有实现现场成交，也要以平常心对待，可以请求留下客户的联系方式，或者使客户加入店铺的微信或者微博等信息平台，以后再做努力，争取使客户改变主意。

不过，有的客户说"我再考虑考虑"可能真的没有购买意愿，或者没有购买能力，我们一定要明察秋毫，根据客户的细微动作和表情来判断其真实的心理状态，假如客户真的不愿买或不能买，千万不能强求。

案例 45 年轻人购买欲望极高，但因囊中羞涩而放弃，店员没有强求

一个年轻人带着好奇的心理来到一家电玩店，不住地打量店里的产品。他很快就看到了自己梦寐以求的 PS3000 游戏机，然后目光就一直停留在摆放在柜台上的游戏机上。

店员一看就知道生意来了，就向年轻人热情地介绍 PS3000 的各种优势，最后说："我们现在正在做活动，买一部 PS3000，可以赠送您两套正版游戏光盘，而且在一年之内可以享受无条件保养服务。"

这对年轻人来说是一个巨大的诱惑，他一听到店员的推荐就两眼放光，但很快就又硬着头皮说："我还是再考虑考虑吧。"

店员看出了年轻人的窘态，知道他囊中羞涩，于是不再强求。

沟通技巧

客户说出"我再考虑考虑"时，销售人员一定要真诚地询问客户，弄清楚客户还要考虑的原因，然后尽量通过建议购买达成现场成交，实在不行也要留下客户的联系方式，以便后期不断跟进。要记住，不能彻底放弃与客户的联系，一旦放弃了，成交机会也就没有了。

六、"我现在正在开会"：分清客户是真忙还是在找借口

在与客户进行电话预约时，销售人员经常会遇到客户这样的口头禅："我现在很

客户沟通学
这样说客户才愿意听

忙""我现在正在开会"等。客户对这样的话可谓信手拈来，而销售人员往往对此手足无措。

很多人都认为销售人员应该学会坚持，不能放弃，这本没错，但不能教条化地运用，而应该看情况而定。

为了防止客户说出"我现在正在开会""我现在没时间"或者"我现在很忙"等借口，销售人员尽量不要在一开始就问"您现在有时间吗？"就是这么简单的一句话，就极易引来客户的那句口头禅。

客户之所以这样说，主要是害怕浪费时间。这句口头禅只是一个借口而已，关键是销售人员提供的产品或服务值不值得这个时间。

1. 没有时间，就找时间

当一个人面对自己认为重要的事情时，他总会有时间；而当一个人面对自己毫无兴趣或者不重要的事情时，"没时间"就是最好的借口。

当客户说"没时间"时，我们要在第一时间做出判断，客户究竟是真的没有时间，还是对于谈话不感兴趣。后者需要我们改变策略，多增加一些吸引客户的话题因素，而前者则需要我们及时刹车，尽快结束这段对话，给客户和自己都留出余地，然后约好下次沟通的时间。

如果客户说"星期二没有时间"，那就问他"星期三或者星期四有时间吗？只需要15分钟时间。"提前把时间约定清楚，尽量精确到当天的几点钟，给对方留下一个做事负责且有条理的印象。

2. 不要浪费时间

销售人员一定要让客户感受到时间的价值，如果客户预期能够获得巨大收益，他怎么可能说自己没时间呢？

要想让客户觉得有价值，在与客户沟通之前要先做好调查，明确客户是谁，为什么需要你的产品，你能为客户做什么。这三个问题是与客户沟通的指引，没有理清这三个问题，无异于浪费彼此的时间。

在约定的时间见面以后，除了常规的寒暄以外，一定要在第一时间介绍清楚自己的产品，简洁清楚地阐述特色，根据客户的问题做重点回答。

> **沟通技巧**
>
> 很多时候，客户说"我现在正在开会""我没时间"或者"我现在很忙"其实就是应对销售人员的一种方式。销售人员要先明确客户说出这些话的真实原因，如果是借口，就要提出一些能吸引客户的话题，如果客户真的很忙，就要及时打住，另作安排。

七、"我们没有预算"：对产品没有信心，想结束对话

销售人员和客户谈了好久，眼看着客户心动了，准备购买产品，不料听到了他的一句话"你说的产品不错，但我们没有预算。"真是有一种欲哭无泪的感觉。难道之前的一切努力就这样付诸东流了？

没关系，即便听到客户说这句话，我们也有方法应对。首先，要分清客户没有预算的理由到底是真是假，是确实没钱，还是推托之词。

1. 确实没钱

如果客户真的没钱，我们就要另觅他法，因为客户真的没有能力购买你所提供的产品或服务，具体方法有以下几种。

（1）降低客户的需求欲望。很多时候，客户之所以感觉没钱是因为其需求欲望过高，超过了自身的经济条件，根源就在于虚荣心理或者攀比心理。我们要认清客户的心理特征和实际情况，帮助客户认清自身的经济情况和需求情况，促使客户选择购买与自身支付能力相符合的产品。

（2）让客户分期付款。如果无法降低客户的需求欲望，而客户真的不能一次性支付货款，只要客户的收入有保证，可以让客户采用分期付款的方式来解决支付问题。

（3）提出合理建议。销售人员可以向客户提出合理的建议，比如，建议客户减少购买量或者分期分批购买产品。如果销售人员相信客户在未来的"钱景"，可以设法帮助其解决暂时的资金困难，为其提供货款担保，还可以让客户延期付款，但要让客户在资金到位以后及时追加部分预算。

2. 推托之词

若客户只是以"没预算"为借口进行推托，可以这样应对：

"正是因为没预算，所以我推荐您用这种产品，它可以为您节约成本。"

"钱少才要赚钱嘛，这种产品是可以用来赚钱的。"

"您是害怕负担过重吗？这点您不必担心，您可以进行贷款，或者办理分期付款，每月只要付一点儿钱就可以拥有这件产品了，这样不是很划算吗？"

"只要您每天省下一包烟的钱，分期付款的钱就足够了，而且拥有这么好的产品不正是您所想要的吗？"

以上几种应对方式可以缓解客户的排斥心理，减少让客户拒绝的可能性。只要客户认可产品，"没预算"这一拒绝理由自然就没了支撑点。

客户所谓的"没有预算"可能是真话，也可能是迷惑销售人员的一颗烟雾弹。

销售人员不能仅仅因为客户的一句"没有预算"就轻易地放走了他,那样只会错过一个好的成交机会。

> **沟通技巧**
>
> 不管客户提出没有预算的真实原因是什么,都不要无计可施,而应该想办法应对。如果客户真的没钱,采用降低客户需求欲望或者分期付款的方式,也可以另提合理建议。如果客户只是进行推托,就要想办法转变客户的观念,扭转不利局面。

八、"价格太高了":客户有购买意愿,价格是问题

在与客户沟通时,销售人员经常听到客户抱怨"价格太高了。"销售人员要对客户的抱怨做出正确的评判,正确理解其中的内涵。客户说价格高的背后隐藏着以下几种潜台词。

1. 风险很大,我再考虑考虑

客户对产品或服务有顾虑,他们便会以价格高为借口进行拒绝。客户的内心想法其实是这样的:"万一我做错了决定,岂不是很被动?"由于存在这些解释不清的顾虑,即负面后果,客户难免会有所抗拒。如果忽视或回避客户的顾虑信号,肯定会在销售活动中碰壁。销售人员应该牢记,一定要积极主动地消除客户的顾虑。

2. 你说的这些不是我真正关心的

销售人员在做产品介绍时,一定要从解决客户问题的角度来阐述,而不是做一个冷冰冰的产品代言人,这样才能在需求认知阶段找准位置,拿下客户。

案例 46 客户以价格贵为由拒绝购买,后因为售后服务购买更贵车辆

胡海军最近生意有所成就,于是打算卖掉旧车,换一辆更高性能的车。来到车行以后,车商给他推荐了一辆最新款的车,并且把车的性能说得绘声绘色。不过,由于职业的习惯,胡海军在听完车商的介绍之后便很快摇头否定道:"算了,这辆车太贵了。"

车商很不解地问:"这辆车才15万元,最新款,大动力,这价格真的很实惠了。为什么您还觉得贵呢?"

胡海军没有向车商做过多的解释,挥手离开了。然而,令他自己事后都觉得很惊奇的是,他在离开那家车行之后不久,便从另一个车商那里购置了一辆更贵

的轿车。

他细细回想了一遍,才恍然大悟,原来自己最看重的是车的售后服务和保养,而不是款式和气场。第一个车商推荐新车的时候,总是描述新车的时尚和气派,他并不心仪,所以以价格太贵拒绝了。第二个车商在推荐新车的时候并没有描绘新车的外观和性能,而是问他用车是否经常出故障,维修和保养要花多少钱,并向其解释了该款新车的售后服务。这些话一下子说到了他的心坎上,所以他就毫不犹豫地买了第二个车商的车。

显然,当客户说"贵"的时候,那只是一个借口,真正的问题在于销售人员没有把握好"需求认知"这一销售的关键环节,乃至完全忽视了客户的真实想法。

3. 价格确实比别人高,难以做决定

如果客户确实认为产品价格高,一般说明客户进入了购买的评估选择阶段,销售人员要做的就是摸清客户的评估准则,弱化价格,最后赢得订单。

在这个阶段,销售人员需要与客户展开深入的沟通,了解对方的真实意图和忧虑,并通过对话详细探讨各种可行方案,直到对方满意为止。

在销售过程中,当客户提出降价的请求时,销售人员不要直接回绝客户,而是表示自己很想给客户打折,但必须遵守公司规定,并指出打折的陷阱,让客户认为销售人员是在为自己着想。

任何客户买东西都想要尽可能地少花钱,当客户提出降价请求时,销售人员可以把客户的关注点转移到产品价值上,减少客户在产品价格上的纠缠。当把客户的关注点转移到产品价值上来以后,销售人员就牢牢掌握住了销售的主动权。

> **沟通技巧**
>
> 客户在听完销售人员介绍产品以后,即使对产品很有兴趣,也会说出一句"价格太高了",严格来说,这不是拒绝,而是积极的购买信号。我们要读懂客户嫌价格高的真正原因,并及时调整自己的对策,不要让客户的借口成为成功销售的阻碍。

九、"寄一份资料给我吧":客户只是在应付你

当销售人员热情激昂地向客户介绍产品时,客户却说:"寄一份资料给我吧。"这是在暗示之后一定会买产品吗?其实,销售人员要明白说出这句话的客户多半是安于现状、不喜欢改变的人,他们说的只是一句托词而已。

然而，很多销售人员一听到客户这样的要求，就乖乖地寄去了一份资料，然后等待客户的回应，但结果可想而知，客户音信全无。

不管销售人员对客户如何翘首期盼，客户都不一定再次出现，起码不会主动表达对产品的兴趣。这时，销售人员要运用一些销售策略和技巧，让他们对产品产生购买兴趣和欲望。

案例 47　获知客户需求，追问客户真实想法，使其搪塞失效

梁薇是一家化妆品公司的电话销售人员，这一次她想邀请一位客户来化妆品展销会参展。下面是梁薇和客户的电话记录。

梁薇："您好，请问是吴总吗？"

客户："是的，我就是，你有什么事吗？"

梁薇："吴总是这样的，我是梁薇，我们前几天还在一起相互讨论，而且谈得很开心呢！"

客户："哦，我想起来了，你就是那个化妆品公司的梁薇吧。上一次你说邀请我去化妆品展销会参展？"

梁薇："吴总，很高兴您这么忙还能记得我。我今天特地打电话来给您说一个好消息。"

客户："哦？是什么事情？"

梁薇："在说这个消息之前，我能不能先请教您一个问题？"

客户："好，你问吧。"

梁薇："贵公司的销售业绩如何？"

客户："凑合吧。"

梁薇："市场占有率有多少？"

客户："大约有5%吧。"

梁薇："那您公司的产品在北京的占有率怎么样？"

客户："不行，很少，还不到2%。"

梁薇："吴总，如果您能打开北京市场，增加您的产品在北京的知名度，使公司的业务越做越大，成为化妆品行业的新星，甚至在以后能够独占鳌头，您肯定很开心吧？"

客户："肯定开心了，不过你说的这个目标还有些早，我们公司得慢慢发展。"

梁薇："我大概知道了您的困惑，我将要告诉您的好消息就是，这个月末北京将

第六章
客户话里有话，秒懂弦外之音避免错失良机

有一场化妆品专场展销会。您现在急需打开北京市场，何不来北京参展，趁此机会推广自己的产品呢？在这里有什么问题可以随时和我联系，我会为您详细解答。"

客户："这样吧，你寄份资料给我吧，我先详细看一看，然后我再决定要不要参展。"

梁薇："吴总，我尊重您的决定。不过我想请问一下，您是真的打算先考虑一下，还是在委婉地拒绝我？我是个比较爽快的人，希望您也能直接告诉我真实的答案。"

客户："你放心，我会和我们公司的市场部门沟通一下，如果确实有需要的话，我一定会给你打电话的。"

梁薇："好的，谢谢您的选择，我们一定不会让您失望。我会在明天下午两点左右跟您再次确认一下，好吗？"

客户："好的。"

当客户说"给我寄份资料来吧"，我们要分辨客户说这句话的原因，是否是因为其没有需求而委婉拒绝，或者只是想了解一些与产品有关的信息，并未决定是否购买，或者客户早就打算购买这种产品，但现在正在几家企业之间犹豫不决。

对于那些有希望成交的客户，运用一些销售策略和技巧，让其对产品产生购买兴趣和欲望，这就需要销售人员更全面地向客户展现自己，展示公司和产品的优点。当产品在客户的心中留下良好的印象时，自然而然就会选择销售人员推荐的产品。

> **沟通技巧**
>
> 要想增加销售的可能性，就要全面展示产品、企业和自己，让客户留下深刻的印象。当客户说出"寄一份资料给我吧"，要先分辨原因，确定客户有购买意向后，及时堵住客户敷衍的后路，让客户继续跟着我们的思路走，缩短成交的距离。

第七章

给客户吃一颗"定心丸"，让客户的疑虑烟消云散

客户在做出购买决定之前，心头往往遮盖着层层疑惑的阴霾，销售人员要想成功销售产品，必须拨云见日，拿出让客户信服的理由，让客户感受到销售人员对他的关心，感受到产品的优势和能带来的利益，从而安定其摇摆不定的心意。

一、销售是一个有关数字的游戏，拿出数据让客户服气

能言善谈，口吐莲花，效果并不一定出彩，朴素的数据可能更有说服人的魔力。人是理性的，罗列数据进行理性分析，往往比充满感情的号召和推荐更能深入人心。数据，尤其是精确的数据，就像是沟通的杠杆，能起到四两拨千斤的效果。

销售人员在与客户沟通时用到的数据一般有产品的成交数据和产品的功效数据等，目的都是为了突出产品的优势，使客户更加信赖产品，更快地做出购买决定。

比如"××奶茶，一年销售 7 亿杯，围起来可以绕地球 2 圈""该沐浴露经过科学验证，连续使用 28 天即可使肌肤光滑如初""因为使用我们的系统软件，这家企业的运营成本减少了 10%"等。这些广告语或者推荐语使用了精确的数字，能够很快吸引客户的注意，使客户信服。

案例 48　食品公司销售人员主动拜访客户，用可靠数据征服客户

陈锐是一名食品公司的销售人员，口才出众，而且擅长为人处世，与新老客户都能相谈甚欢，关系融洽。

有一次，陈锐与一位老客户约好，要去客户家里推销公司新出的一批产品。但他后来一想，现在竞争对手这么多，产品质量几乎没有什么大的差异，市场状况不同以往了，如果还是按照以前那样靠交情维系生意，恐怕就悬了。

因此，陈锐换了一个办法，并为此做了精心的准备。一见到客户他就开门见山地说道："你好，老朋友！我又来啦！我这次给你带来一个好消息，我现在手头上有一笔大生意，能够让你净赚 50 万，怎么样，有没有兴趣？"

老客户一听，当然来了兴致，忙催促他快说。

陈锐笑着说："我做了一番精确的市场调查，由于年前猪肉的价格上涨，肉罐头和其他加工食品肯定也要价格上涨，估计至少上涨 20%。按照你们的实力，这类商品在今年能出售多少呢？我来一一告诉你……"

陈锐一边说一边把数据逐一写下来，并让老客户看明白。就这样，陈锐再一次得到了老客户的支持，拿到了一张大订单。

陈锐之所以能够利用数据取得老客户的信任，这跟他平时的习惯不无关系。他对每一位客户的经营项目都非常熟悉，对行业的市场行情也了然于胸，因此能够很快预测出当年的数据并合理分析，使客户信服。老客户信任陈锐，因为数字一般不会撒谎，他相信这些数字可以帮助自己做出正确的选择。

在销售的过程中，如果销售人员能适时地列举一些详细、精准、恰当的数字，

帮助客户做出最有利的选择，那么客户就会看到你的专业性和权威性，从而更加依赖你，甚至会主动加强与你的联系。

使用数据虽然很有效，但也要注意方法，数据使用不当也会造成极为不利的后果。在使用数据时需要注意以下问题。

1. 数据要及时更新

数据是为产品信息服务的，如果数据失去了时效性，来源不清楚，或者与当前的市场状况不匹配，客户不仅不会被说服，反而会对销售人员起疑心，更加不信任销售人员。因此，销售人员要时刻了解客户所在行业的市场动态，随着市场不断变化及时地更新数据，尽可能为客户提供最新的信息。

2. 不要一味地罗列数据

尽管使用精确的数据可以加深客户对产品的印象，使产品阐述更有说服力，但如果一味使用数据，可能会起到反作用，会让客户觉得很单调，甚至会让客户认为销售人员是在卖弄自己的能力，给其留下华而不实的感觉。

3. 运用数据要选好时机

时机的选择也很重要，选择好运用数据的时机可以让数据更有说服力。比如，当客户对产品的功能产生异议时，销售人员便可以列举出产品功能方面的数据，向其证明产品功能的独特优势。

> **沟通技巧**
>
> 精确的数据能够增强说服力，增加权威性，但在运用时要选择好时机，不能一味罗列而要配合语言说明，并且要及时更新相关数据。

二、给客户安全感，不再让他担心上当受骗

美国心理学家马斯洛提出需求层次论，认为人的需求分为五个层次，从低到高分别是生理需求、安全需求、社交需求、尊重需求和自我实现需求。安全需求是指人类保障自身安全的需要。

在商业活动中，安全感的需要很大程度上体现为害怕上当受骗。这个社会毕竟存在不诚信的人，骗子隐藏在各个角落，很多人曾经受到过欺骗。正所谓"一朝被蛇咬，十年怕井绳"，对于那些有过受骗经历的客户来说，一看到销售人员，他们的脑海里立刻会闪现之前受骗的经历，潜意识中认为销售人员都有可能欺骗自己，所

以他们大多排斥销售人员的拜访和推销。

销售人员不能从根本上消除客户的安全顾虑，会给后续的销售带来重大的阻碍。那么，要从哪些方面来满足客户的安全感需要呢？

1. 给予客户心理上的安全感

做销售要足够专业，保证为客户提供专业的服务，提供可靠的产品和详细的保养或售后说明。当面对客户的询问时，销售人员要耐心解答，满足客户在心理上的安全感。

不仅如此，销售人员还要具备让客户在第一次见面时就信任自己的能力，所以销售人员要着重注意自己的仪表，树立良好的外在形象，因为这也是创造销售机会的重要手段。

2. 给予客户经济上的安全感

销售人员要给客户介绍清楚产品的成本，让客户明白产品的实惠，使其产生花钱不吃亏的感觉。有时销售人员还可以为客户做规划，使客户用最少的钱获得最大的效益，虽然刚开始的销售额会比较低，但能赢得客户的信任，一段时间以后销售量一定会提升。

3. 给予客户人身安全感

有的产品具有一定程度的风险性，如果销售人员害怕产品本身存在的风险性导致产品卖不出去而对其安全风险避而不谈、遮遮掩掩，等到发生严重状况后只会难以收场。负责任的销售人员应该在介绍产品时特意告诉客户有关情况，切实保证客户的人身安全，让客户感受到："原来你关心我的安全，而不是只想着挣我的钱"。

其实，如果销售人员能为客户提供一份可靠的承诺，客户的疑虑也会相应减轻。

案例 49　客户购买软件系统担心受骗，销售人员用郑重承诺打消客户顾虑

李惠丽所在的公司使用的软件系统最近总是出错，她作为公司的负责人，非常着急，由于软件系统的问题，公司的运营效率变得很低。因此，她决定重新购买一个新的软件系统，替换问题软件。

软件公司的销售人员夏铭获知这一消息后，立刻前往公司拜访李惠丽，与之洽谈软件的购买事宜。

在听了夏铭的一番介绍之后，李惠丽觉得他所推销的这款软件非常好，但由于之前的软件总是出错，前车之鉴让她很担心，很害怕再次买到质量不合格的软件系统。因此，她打算再看看有没有其他质量和性能更好的软件系统。

李惠丽在想这些的时候，脸上的表情出卖了她的心。夏铭看出了李惠丽的疑虑，

于是郑重承诺道:"李女士,您放心,假如你们订购我们的软件系统,我们会免费送货、安装和调试,而且在运行过程中,软件一旦出现任何问题,我们公司不但会退还当初的采购费用,而且因为软件出问题而带来的一切损失都会由我们承担。这是我们的郑重承诺。"

李惠丽看夏铭说得很有底气,心中的疑虑消除了很多,又想了想,最后终于从夏铭公司订购了新的软件系统。

不过,销售人员向客户承诺时也要注意分寸,一定要根据自身能力做出承诺,如果胡乱承诺,承诺就成了无源之水、无本之木,难以取得客户的信任。另外,销售人员在承诺时也要看准客户的成交心理障碍,针对客户的成交心理障碍做出合适的承诺,如果没有针对性,承诺很有可能会损害自身利益,作茧自缚。

> **沟通技巧**
>
> 安全感需求是人最基本的需求之一,很多消费活动其实就是在购买安全感。缺乏安全感,客户就会对产品和销售人员缺乏信任;满足了安全感,客户就会心情舒畅,进一步与销售人员拉近关系,从而在轻松的氛围下决定购买。

三、用暗示语言牵引客户潜意识,让客户对产品点头称是

暗示具有十分神奇的力量,它就像魔法,可以让人在不知不觉间改变自己的想法。现实生活中,我们在许多情况下都能感受到暗示语言的神奇力量。

比如,广告就是一种具有神奇魔法的暗示语言。广告影像可能并不会在我们头脑中留下深刻的烙印,但其中的广告语在耳边时刻回荡,我们很难不对该产品产生关注,比如"今年过节不收礼,收礼还收脑白金"和"怕上火,喝王老吉"等。其实在广告语的影响下,人们对产品的关注是一种无意识的行为,是语言暗示的结果。广告播放有一定的重复性,在人的潜意识领域不断累积其印象,当人们购物时就会受到潜意识中这些广告信息的影响,让人不知不觉地去购买这个产品。

因此,销售人员也可以借助暗示语言对客户的意识产生影响,在客户的潜意识里留下印记,让客户不知不觉中沿着我们的思维路径去思考,从而产生更好的说服效果,激发客户的购买欲望。

那么,销售人员可以使用什么样的语言进行暗示呢?

1. 使用假设性语句

假设性语句的优点在于为客户营造了一种使用产品后的快乐情景,向客户的潜

意识里灌输他已经购买这个产品的信息，从而避免客户的抵触情绪，激发客户对产品的占有欲。比如："当您使用这台笔记本电脑的时候，您的办公效率会大大提高，我相信您一定会非常喜欢它的。"

2. 使用和客户统一的语言表达

为了让客户更容易接受自己的产品，销售人员应该将自己与客户放在同一条战线上，营造一种合作的气氛，让客户感觉到自己是为他考虑的，从而减轻客户的压力，进而达成共识。

一般来说，销售高手喜欢用"我们来……"这样的表达方式。比如："我们来看看，当我们购买了产品以后能得到哪些额外的优惠。"

3. 使用肯定性词语

暗示语言也分为正面暗示语言和负面暗示语言，只有正面暗示语言才能起到促进成交的作用。

作为销售人员，我们不能说"不买吗？""不喜欢吗？""不便宜吗？"等否定性词语，因为这样会给客户带来"不买""不喜欢""不便宜"等负面的心理暗示。销售人员应该这样说："我相信，您看到它就会立刻产生想要拥有它的感觉……""您一定会喜欢的，这件产品非常便宜……"等。

正面暗示语言能够给予客户积极的心理暗示，能引导客户给出肯定的答复。暗示性的语言能够引导客户点头称是，帮助销售人员达成交易，所以在平时不妨多留意这类语言，并注意多练习，多运用。

> **沟通技巧**
>
> 暗示语言具有强大的魔力，销售人员可以合理运用暗示语言对客户进行"催眠"，引导客户按照销售人员的思维路径进行思考。但在使用暗示语言时，销售人员要避免使用负面暗示语言，多运用正面暗示语言增强客户的购买欲。

四、站在客户角度说话，让客户知道你在关心他

"客户是上帝""客户是我们的衣食父母"，所以销售人员在为客户服务时，要站在客户的角度看问题，了解其想法，与其站在同一立场，这样才能获得客户的信任。

然而，很多销售人员秉持"以营利为唯一目标"的原则，为了使自己获得更多的利益，而不惜损害客户的利益。

有的销售人员诱导客户购买质量低劣的产品，或者卖出产品后不进行售后服务，对客户的投诉不闻不问。

这样做销售人员可能在短时间内可以获得经济利益，但长此以往对其自身的发展是极为不利的。因为客户已经因为低劣的产品质量和糟糕的售后服务态度对销售人员失去了信任，客户流失成为必然。

销售人员要秉持"互惠互利，与客户共赢"的原则，将客户的问题当作自己的问题，积极、努力地去解决，摒弃"一锤子买卖"，从而稳固客户关系，加深彼此之间的合作。

案例 50　销售人员站在客户角度说话办事，客户在比较之后做出购买选择

李春伟是一名销售人员，他时刻为客户着想，在工作过程中一直坚持"做生意先做人"的原则，站在客户的角度为他们做出最合适的考虑。正是由于这个原因，他的销售业绩总是在公司里名列前茅。

一次，一个外地客户打来电话询问有关机器的价格情况。李春伟认真听完客户的话以后，感觉客户要求配置的机型不是很合理。尽管按照客户要求去做可以获利更多，可他不打算这样做。

于是，李春伟向客户提出了自己的建议："我刚才仔细看了看您提供的数据，恕我直言，您报的机型配置有点不太合理。虽然这样的配置在使用时没有问题，但达到同样的效果，不必选用如此多的机器数量和机型容量，不然您的投入成本会大大增加。"

客户惊讶地说道："哦，是吗？可这是厂里规定必须采购的，而且也通过很多工程师测算验证，出现错误的概率应该很小吧？"

李春伟听到客户的话，心里一惊，自己可能要因为专业水平不足而失去这单生意了。不过他还是没有完全放弃，在挂断电话之后又与公司的工程师一起做了一份详细的技术说明和可行性分析报告，并以邮件的形式发给客户。

经过漫长的一星期等待，客户终于打来电话，兴奋地告诉李春伟："说实话，我在给你打电话之前已经给好多公司打电话咨询过，但没有一个人能像你讲得这样详细，而且还不忘为我们着想。所以我们公司决定，你们公司就是我们的长期供货商了！好了，我现在就把合同寄给你！"

销售人员一定要明白，我们是在为客户提供服务和帮助，为他们解决问题和困难的。只有当客户意识到我们在为他服务，而不是想方设法赚他的钱时，才会降低自己的心理防线，更加乐意接受我们的建议。

第七章
给客户吃一颗"定心丸",让客户的疑虑烟消云散

> **沟通技巧**
>
> 积极地为客户着想,"以诚相待、以心换心",是销售人员对待客户的基本原则,也是销售人员成功的基本要素。销售人员不能为了自己的利益给客户带来任何困扰,而要让客户每多花一分钱都能获得多一分的价值。

五、让客户参与产品演示,使其真切感受产品的优势

产品演示是介绍产品特性的一种有效手段,通过产品演示,客户可以直观地感受到产品的各种功能,从而想象使用产品的场景。不过,产品演示可不能只由销售人员一人进行,最好让客户参与进来,因为有接触的参与可以给客户一种做主人的感觉,从而让销售人员更早地了解客户对产品的接受程度。

让客户在产品演示时参与进来是销售过程中非常重要的一点,比如,销售人员可以让客户帮忙摆弄模型,按下按钮,使用复印机,开汽车,拿某件东西,整理物品,帮忙打电话,发传真,等等。

在销售过程中,销售人员应该尽可能多地让客户参与整个产品演示过程,客户参与得越多,就越有一种做主人的感觉,也就越容易产生购买欲望。

案例 51 销售人员佯装头疼,客户试开新车被性能打动

王素凯是一名十分聪明的销售人员,他常常能够随机应变,巧用计谋,使本来希望不大的交易快速达成。他是推销高档汽车的,由于价格高昂,很多客户会考虑再三,迟迟拿不定主意。

有一次,王素凯开着一辆新车去接客户洽谈生意。当带着客户走向车子时,王素凯突然摸着脑袋,带着一丝痛苦的神情说道:"哎哟,不好意思,我突然感觉有点儿头疼,您能不能帮我开会儿车?"

客户欣然应允,结果客户把车开到目的地之前对王素凯说道:"这辆车的性能真不错,我也想买一辆这样的车。"

"是吗?那正好到了我们公司,您可以挑选一辆和这辆车一样的新车,如果您着急的话,我们今天就可以办手续。"

产品演示属于体验式销售,对销售人员来说,产品体验要有计划地展示产品优势,根据产品和客户双方的特点来量身定制体验方法。

俗话说:"隔行如隔山。"尽管现在信息传播技术高度发达,但客户和销售人

105

员在对某一产品的信息掌握程度上并不是对称的。客户在参与产品体验时非常容易按照以前的经验来体验,从而对产品标榜的优点形成误解,无法体会到产品的优势。

以体验自动挡汽车的操控性能为例,自动挡汽车的驾驶方法与手动挡汽车的驾驶方法肯定是不一样的,但很多客户由于不太了解自动挡汽车,他们会想当然地用驾驶手动挡汽车的方法来驾驶自动挡汽车,从而导致产品优势未能充分体现出来。

试乘试驾是在销售汽车时进行产品体验的重要阶段,这时汽车厂家会针对产品的特点设计专门的试乘试驾路线。销售人员在试乘试驾前会拿出三张准备好的试车路线图,由客户选择喜好,然后向其推荐一条试乘试驾路线。

比如试驾一辆四驱 SUV,汽车厂家会在预定的路线上设置路障,让客户驾车从上面跨过,从而体现出车辆优越的通过性能,或者让客户穿越一两段泥泞坑洼的路面,将其中两只轮胎陷入泥中,然后让车辆脱离困境,从而使客户体验到车辆优越的防滑驱动性能。

总之,销售人员要善于增强客户对产品的主人翁意识,邀请客户体验产品,参与产品演示,从而使客户在惊呼声中增加对产品的满意度。

> **沟通技巧**
>
> 听再多的介绍也不如一次真切的体验,直接感受产品的特性和功能,客户就能在短时间内与自己的需求做一次匹配。一旦匹配成功,客户很快就会产生购买欲望,而且这种欲望会促成购买决定。并且由于这一决定是自主做出的,客户的主人翁意识被激发出来,更强化了对产品的喜爱。

六、嫌货才是买卖人,越说产品的缺点可能越想买

一个人对一件事情有没有兴趣,只要看他对这件事有无评论即可。真正对其感兴趣或者有好感、寄予希望的人,可能会说好话,也可能会说一些抱怨的话,而丝毫不感兴趣的人一般会毫无反馈。

俗话说:"嫌货才是买货人。"在销售活动中,嫌弃产品不好的客户恰恰是对产品有购买意向的人。这类客户之所以嫌弃产品不好,就是因为对产品感兴趣,思考产品的有关情况,从而发现了对产品的异议。所以,如果客户对产品有异议,那就说明他已经有购买欲望了。

打个比方,汽车推销员向一位普通工人推销豪华汽车,不管汽车性能怎样优越,

第七章
给客户吃一颗"定心丸",让客户的疑虑烟消云散

推销员说得如何好,普通工人不会有任何异议,因为他们根本不可能购买这辆车,也不会用心在车上找毛病。如果向他推销皮鞋,他可能会说:"这个皮鞋是真皮吗?怎么感觉款式比较老呢……"实际上,这位普通工人的话表明他已经有些心动了,即使现在不买,以后也很可能买。

因此,当销售人员遇到对产品挑三拣四的客户时,绝不可以轻易地否定对方,而应该了解对方的心理,欢迎他发表对产品的意见,然后信心十足地处理异议,这时成交往往是顺理成章的事情。

案例52 汽车销售员始终笑对客户,客户即使挑剔仍旧买下轿车

王哲涛在一家车行做销售员。有一天,一位穿着考究的女性客户来到车行看车,她在一辆粉色轿车前看了一会儿,就问这辆车多少钱,王哲涛如实讲出了价格。客户嘟囔道:"我看这辆车也不怎么样啊,怎么这么贵?"

"这辆车虽说比不上豪华轿车,但它在中端轿车中的性能绝对是名列前茅的,而且车内配置氛围灯和香氛调节功能,可以烘托浪漫气氛,为生活带来一丝惊喜。如果您感兴趣的话,可以试驾。"王哲涛带着一脸和气的笑容,平静地说着,指导着客户签订了试驾协议,然后带着客户来到试驾地点试驾同款车辆。

客户试驾之后,摸着方向盘不撒手,说道:"开起来还行,不过我总感觉这辆车的座椅很别扭,开这么一会儿我就感觉很累了。"王哲涛仍然保持笑容,说:"女士,可能是您在调座椅的时候没有调整好,这跟质量没什么关系。这款车有记忆座椅功能,调节好座椅以后,以后就用不着费力调座椅了。"

客户嘟着嘴,想了几秒钟,又说道:"这辆车的空间怎么感觉很窄呢?"

王哲涛笑着说:"您可以试一下腿部能否活动自如,腰部是否能感受到座椅的顶托,还有头部以上的空间是否感觉压抑?如果感觉都还好的话,空间其实是够用的,而且您的身材不错,占地方不大,这款车的空间对您来说挺合适的。这款车的后备厢空间很大,平时您逛商场购物,买的东西再多也能放得下。"

"我还是觉得有些贵,你给便宜一些吧!"

王哲涛的脸上一直保持着温和的笑容:"很抱歉,这个价格真的已经很低了。这款车在技术研发上投入了很多成本,与成本相比,这样的价格真的算低的了。"

不管客户是什么态度，王哲涛一直微笑着解答问题。虽然客户对这辆车不停地抱怨，总是催促他降价，但最后仍然购买了这辆车。

客户对产品产生异议，一方面是对产品感兴趣，另一方面则是想要获得最大的优惠。客户反反复复指责产品的不是，就是想要用这种指责迫使销售人员主动降低价格。

在面对客户对产品的指责或异议时，销售人员要时刻保持微笑，还要对自己的产品有充分的信心，不能一面对指责就败下阵来，该坚持的原则决不能放弃。

一个人的销售能力就是在不断地解决顾客提出异议的过程中不断增长的。如果客户对产品没有任何异议，这样的客户往往是走马观花的看客，因为在他们看来，产品的好与坏和他们根本没有任何关系。既然如此，他们自然不必劳心费神地和销售人员讨论产品。

在销售过程中，随时都有可能面临客户对产品的指摘，销售人员要时刻做好心理准备，不能轻视客户的异议，更不能对客户心存芥蒂。

> **沟通技巧**
>
> "嫌货才是买货人。"如果一个客户对销售人员的任何建议都无动于衷，对产品没有任何异议，就可以考虑放弃对其说服了。对产品有意见的客户才是值得销售人员花费时间和精力去说服的，才是最有可能购买产品的消费者。

第八章

沟通不能太随意，绕开"禁区"才不会坏大事

与客户沟通不是简单地你一言我一语，有口无心的交谈不是沟通，真正的沟通句句都要戳中人心，不可随意敷衍。在沟通过程中随处可见的陷阱和雷区都是需要规避的，不小心掉入其中，就可能会坏了大事。

一、和客户开玩笑：谨慎小心，不然就会"踩到雷"

开玩笑是幽默的体现，能够缓和紧张或尴尬的气氛。在人际交往中，幽默就像精神调节剂，能让人与人之间的交流更轻松、愉快。不过，开玩笑一定要把握好分寸，无节制、不合适地开玩笑会适得其反，弄巧成拙。

在销售活动中，销售人员和客户开个得体的玩笑，可以活跃气氛，赢得客户好感，以便顺利地完成销售任务。但是，一味地为了幽默而幽默，开玩笑开得过火则可能伤害感情，破坏沟通气氛，以致错失订单。

开玩笑有一个基本原则：不要伤害对方的自尊心，而应增强其自尊心，坚决不开粗俗、不得体的玩笑。再熟悉的客户，哪怕已经和朋友一样熟悉，也不能随便开玩笑。客户始终是客户，销售人员要时刻牢记对方的身份。

案例53　零食店主开玩笑触碰老顾客忌讳，使其愤然离开

刘汉帆是一家零售店的店主，不久前因为稀里糊涂地和一位老顾客开了一个自认为正常的玩笑，结果却将对方惹恼了。

一天，一位中年男顾客来刘汉帆的店里买东西。这是一位老顾客，平常总是到这个店里买日常生活用品，而且渐渐熟了以后两人也偶尔开几句无伤大雅的玩笑。不过，这一次是这位老顾客时隔两个月后第一次来店里买东西。

刘汉帆一见到他就连忙问道："大概两个月都没见你来过了，怎么了？"老顾客搪塞着说道："前一阵子没在家，我去外地办事了。"

过了一会儿，老顾客说："这店里好热啊！"说着就摘下了帽子。刘汉帆一看，这位老顾客竟然变成了光头。于是，他开起了玩笑："人们都说聪明的脑袋不长毛，这么一看，您果然是聪明绝顶啊！"

谁知这位顾客的脸色瞬间变得很阴沉，瞪着眼睛，指着刘汉帆骂道："有毛病啊，你才聪明绝顶呢！你怎么这么不厚道啊，拿我的痛苦寻开心。"说着，将本来已经选好的商品扔在柜台上甩门而出。

老顾客的反应让刘汉帆手足无措，他觉得很奇怪，平常他们也偶尔开几句玩笑，这次他为什么生这么大的气呢？后来他才知道，老顾客之所以变成光头，是因为做化疗导致的，他为自己的冒失玩笑感到后悔不已。

在与客户开玩笑时，要遵循以下原则。

1. 内容要适当

由于客户的文化素养不同，开玩笑的内容高雅、健康程度也不同，但玩笑话的内容要适当，不能过于低俗，更不要使用不雅词汇，否则既是对客户的不尊重，也有失自己的身份。

2. 态度要友善

开玩笑与挑衅往往就在一线之间。玩笑话让人觉得友善，对方会欣然接受，如果玩笑话包含着对别人的冷嘲热讽，是在发泄内心的厌恶和不满情绪，这就是让人厌恶的挑衅了。就算你是善意的，如果不摆正开玩笑的正确态度，不尊重别人，伤害了别人的自尊，客户自然不认同你的意见，以为你是在故意找碴。其实，跟客户开玩笑最好是拿自己开玩笑，这样就很好地规避了打击客户自尊的风险。

3. 场合要讲究

开玩笑也要注意场合，在某些比较庄重、严肃的场合是不可以开玩笑的，不然容易引发争执和误会。当然，在某些不该严肃的场合，而现场却不合时宜地冷场，这时不妨开开玩笑，缓和一下气氛。

在与客户开玩笑时，销售人员必须要考虑客户的感受，可能你觉得无意的一句话，而在客户心中会纠结半天。开玩笑的人大都没有恶意，但若把握不好分寸和尺度，就会产生不良后果，所谓"说者无心，听者有意"。因此，销售人员在与客户聊天开玩笑时，有必要掌握好分寸。

> **沟通技巧**
>
> 和客户说话，要时刻保持谨慎，因为在接近客户的过程中随时会有触发客户"雷区"的危险，而开玩笑就是危险之一。玩笑开过了火，就相当于引燃了雷区爆炸的导火索，一点就着，闹得与客户不欢而散，更谈不上成功销售了。

二、和客户唱反调：反驳客户要委婉，太直白会让客户没面子

"客户是上帝"，这是商业中不变的法则。客户说出来的话表达了其所思所想，一旦被反驳，一定会感觉到不快。可是，有时客户说出来的话的确是错误的，如果任由其错误下去，对销售来说也不会起到促进作用。因此，在合适的时候反驳客户的错误很有必要，关键在于方法。

很多销售人员在客户提出异议时会下意识地做出激烈的反驳，让客户下不来台，最终失去了宝贵的订单。

在实际接触中，销售人员应该尽量避免直接否定客户，因为这样做会使客户产生敌对心理，导致谈话氛围僵化，不利于客户采纳销售人员的意见。因此，最好采用间接反驳法，也叫迂回反驳法。这种方法是在听完客户的异议后，先肯定客户异议的某一方面，然后再提出自己的反对意见。间接反驳法具有下图所示的优点。

先退后进，尊重客户，语气诚恳，客户容易接受

间接反驳法优点

给自己留有余地，分析客户产生异议的根源，制订具体处理方案

使客户心理平衡，能与客户保持良好的人际关系，避免客户因抵触而不合作

案例54　销售人员吸取教训，在反驳客户异议时十分委婉，终拿订单

保健仪器市场非常广阔，王筱辉本以为自己稍微努力一下就能成交，赚很多提成，但事实上他入行以来经常碰壁。他总结了自己的经验教训，最后发现了问题的症结所在。

客户很少有一上来就同意购买的，当客户拒绝时，尤其是拒绝的话语或者语气稍有不妥时，王筱辉就十分火大，很快就会与客户争吵起来，直接反驳客户的说法。这样，客户当然不会从他这里购买产品。

认识到自己的问题之后，王筱辉在内心提醒自己一定要冷静，再遇到这种情况时要委婉一些。

于是，他又去一位客户家里销售产品。见到客户以后，一切如以往一般顺利。他问客户："您好，为了您的健康，我能花费您几分钟的时间和您谈一下吗？"

客户说："好的，你说吧。"

王筱辉说："是这样的，我们公司开发了一款新的保健仪器，非常适合中老年人使用。这款产品虽然刚刚上市，但口碑不错，受到了很多客户的喜爱。经常使用它来按摩人的脊柱和各个关节，可以增强身体活力，解乏提神……"

客户突然说道："抱歉，我想问一句，这种产品是你们公司自己生产的吗？"

王筱辉问道："是的，看来您知道我们公司，是吧？"

客户说："听说过，但我还听说你们公司的产品经常出现质量问题。"

王筱辉没有听清客户的话，又问道："什么？"

第八章
沟通不能太随意，绕开"禁区"才不会坏大事

客户说："我身边有人说，你们公司的产品价格很高，但质量问题挺多。"

要是在以前，王筱辉肯定会跳起来反驳客户的话："您听谁说的？我们公司的产品可是采用了世界最先进的技术研发的，怎么会出现您说的问题呢？"而客户也会继续说出自己的不满："没有人会说自己的产品不好，反正我是不买。"

这一次，他心平气和地对客户说："我很理解您的心情，我在购买产品时也常常遇到这种情况，在听到其他人对产品的异议后就没有购买的想法了。"

紧接着，王筱辉又简单地把产品的好处为客户介绍了一遍，然后说："您现在对这个产品的性能已经有了一个大概的了解了。我说得再好也没用，不如您亲自感受一下，体验效果如何？"

于是，王筱辉拿出保健仪器，让客户亲身感受了一下，客户发现并没有质量问题，而且十分享受。双方又交流了一会儿，最后客户同意购买。

在采用间接反驳法时，要注意以下问题。

（1）选择新的推销重点提供大量信息。因为之前的谈话出现分歧，再纠结于这一点只会让客户更心烦，因此，围绕重新选择的推销重点提供信息，揣摩客户的思维和心理活动，并以充分的信息量使客户获得新范围内的知识。

（2）选择好重新推销的角度。在客户提出异议后，销售人员应该充分利用肯定和重复客户异议的机会思考客户异议的产生根源，判断出客户的类型，构思出新的对策，然后根据客户的购买动机和目的，依据产品的主要优点进行推销。

（3）避免态度不好。尽量不要否定客户异议，更不能直接反驳客户的异议，尤其是态度不好的反驳。间接反驳法的精髓就在于转换角度，改变方向，使客户的异议失去意义。

不过，也并非任何时候都不能直接反驳客户。如果有以下两种情况，不妨使用直接反驳法。

（1）客户的异议基于对产品的误解时，如果销售人员有足够的说服力，确信自己能够说服客户，不妨直言不讳。当然，直言不讳可能会在一定程度上引起客户的不快，因此销售人员要语气诚恳，面带微笑，以一种温和而友好的态度来提出自己的观点。

（2）如果客户的异议是以问话的形式提出的，直接反驳法也是适用的，并不会给对方的心理造成伤害。

沟通技巧

在反驳客户的异议时，销售人员要懂得"明修栈道，暗度陈仓"的策略。对客户的某些异议可以暂时表示同意，以避免对方的失望情绪和抵触心理，然后在重复客户异议的过程中转换角度，阐述自己的观点，这样做更容易被客户接受。

三、刻意彰显自己：盖过客户的风头，你把客户置于何地

不是所有正确的话都能被认可，不是所有自信的话都能感染人。如果销售人员张口闭口就说自己如何如何，一味地夸奖自己，"王婆卖瓜，自卖自夸"，语气张狂，会让客户心里很不舒服，以致产生厌恶感。

在销售活动中，有些销售人员在与客户沟通时总是刻意地彰显自己，夸大自己的能力，以为这样就能在气场上征服客户，让客户对自己产生好感和敬重，进而促使销售成功。实际上，这种销售人员的虚荣早就被客户看透，并对他们敬而远之。

销售人员虽然是销售活动的主导者，但应该情商在线，在主导销售的过程中让客户感觉他自己才是主角，切不可喧宾夺主，抢了客户的风头。

那么，怎样做才不会盖过客户的风头呢？

1. 多说不如少说

在销售过程中，我们要少说为妙，让客户多说。如果客户吹嘘自己，不要心烦意乱，要懂得在倾听时见缝插针地表达自己的赞美，这正好是拉近关系的良好时机。

2. 不要主动彰显自己

客户才是销售活动中最终买单的人，没有客户，销售活动也就无从进行了。因此，销售人员不能刻意地彰显自己，只要让客户知道自己的存在就可以了，适可而止的沟通方式是客户最喜欢的。

3. 让客户感受到自己的位置

人们常说"客户是上帝"，客户永远是第一位的。客户在销售活动中总是想主导整个过程，因此客户的主导地位一定要在销售活动中被客户真切地感受到，这样才会让他心里舒服，并对接下来的销售过程充满兴趣。

每个人都或多或少地存在炫耀心理，但在销售过程中，销售人员要将这种心理隐藏起来，即便想要表现出来，也应该表现得体、适当才行，并且要先对客户进行赞美，然后顺便说出自己的特点和优势，点到即止才不会使客户反感。

总之，销售人员不要在客户面前吹嘘自己，不适当的自我表现会导致很多不良后果。销售人员在客户面前保持自信的同时还要保持谦逊，使洽谈在友好的氛围中进行下去。

> 沟通技巧
>
> 销售人员在与客户沟通时不能喧宾夺主,过度表现自己,而应该少说多听,配合客户,给客户一个自我展示的机会。假如销售人员真的想要展示自己,一定要恰如其分,在展示自己前先赞美客户,而且不能因为想彰显自己而刻意打击客户。

四、说出让客户误会的话:掌握好同音异义词,别闹笑话

误会不是故意的,它的产生起源于双方交流过程中理解的差异。同音异义词就是造成理解差异的重要原因。你说的是一个意思,对方理解得却是另一个意思,两人不在一个频道上。在销售过程中,误会的产生可能会造成十分严重的后果。

销售人员在与客户交流时要特别注意同音异义词的情况,以免让客户误会。避免犯这类错误,要注意以下几点。

1. 熟悉常用的同音异义词

销售人员要熟悉常用的同音异义词,在使用时要多加注意,能不用就不用,实在非用不可的时候也要特别慎重,毕竟客户看不到汉字,他无法知道销售人员说的是哪个字,一旦领会错误,容易造成误会。比如,销售人员认为客户说的话太简单,没有理解,可以说:"不好意思,您能再说一遍吗?我没听清楚。"最好不要说:"抱歉,您说的话有些不详。""不详"与"不祥"同音,而"不祥"的意思是不吉祥、不吉利,容易让对方产生误会。

2. 用最简单的词语描述

销售人员在与客户沟通时要秉持一个原则,即用最简单的词语进行表述。简单的词语能够减少客户思考的时间,减轻客户的思考负担,更有利于成交。而且简单的词语还能避免产生歧义,减少不必要的麻烦。

3. 及时解释

销售人员在销售过程中难免对客户说出一些同音异义词,遇到这种情况时切不可惊慌,只需立刻向客户解释清楚说话的确切含义即可。比如,当你说出"您说的话有些不详"时,你意识到自己说得有些不妥,就应该立刻向客户解释一下:"啊,不好意思,我说的'不详'指的是'不详细',您不要误会。"多数客户会表示理解,相互一笑而过。

当然,有的销售人员善于利用同音异义词来制造幽默,缓和紧张的气氛是很好

的，但如果没有这样的功底，还是要绕开对这些同音异义词为佳。

> **沟通技巧**
>
> 沟通的目的是为了交流信息，同音异义词在口头沟通时很容易造成误解，因此不到万不得已，销售人员最好不要使用同音异义词。即使必须使用同音异义词，也要使用常见词语，并做出解释，以免客户产生误会。

五、把"活"话说"死"：凡事没有绝对，不要太过于自信

凡事无绝对，在与别人沟通时不能把话说得太满，毕竟生活中存在太多无法兑现的情况。做人要给自己留余地，把话说"死"了，自己也可能走上了绝路。在与客户沟通时也是如此，销售人员千万不能把话说"死"，否则会给自己带来大麻烦。

案例 55　推销员把袜子说得太神奇，顾客当场揭穿，解释也不可挽回

车厢内人满为患，但依然阻挡不了推销员推着小车推销产品的热情。一名推销员在一列火车上推销一种新产品——螺旋状的袜子。她一边侃侃而谈，说着早已熟练的串烧推广词，一边从提包里自然地拿出一双袜子，对旁边的乘客说："来，这位大哥帮帮忙，拿住袜子一端，使劲儿拉。"说着，她就和这名乘客对拉起来，袜子被拉了很长都没有崩坏。她说："看吧，这种袜子韧性很好。"

接着她又熟练地拿起一根细针，在袜子上面来回划动了几下，并指引着让乘客也划了几下，袜子的确没有破损。她高兴地说："看吧，这种袜子也不会破损、抽丝。"

不仅如此，她又掏出打火机，在紧绷的袜子下边轻快地晃动，让火苗穿过袜子，但袜子并没有被烧坏。她说："这种袜子也不宜燃烧。"

正说着，旁边的一位乘客顾自拿起针，没有按推销员的说法顺着纹理划，一下子就把袜子划破了。他还想用打火机烧袜子，这位推销员急忙拦下来，补充道："大家不要误会，袜子并不是不能燃烧，我只不过想要证明它的透气性好而已。"

推销员的话前后不一，自相矛盾，导致购买的人少之又少，而忍不住发笑的人却很多。

第八章
沟通不能太随意，绕开"禁区"才不会坏大事

销售人员在与客户沟通时，如果遇到两难情况，无法单独选择"是"或"否"，便可以选择运用模糊语言来应对客户。

运用模糊语言的基础便是学会运用模糊词语。词语是语言组成的基本单位，模糊词语的运用不仅能表达出一些意思，还能模糊化语义。这样的模糊词语包括"可能、一般、考虑一下、也许、过段时间"等，这些词语可以给我们留下一些缓冲空间。

比如，当客户问到产品是否具备不能确定的功能时，销售人员可以这样回答："一般情况下是可以的，但也需要看具体情况。"这样回答的话，即便在以后达不到客户的要求，销售人员还可以进一步解释，这就是没有把话说满的好处。

明星所在的经纪团队在接到明星发生的一件爆炸性新闻时，如果没有调查清楚，断然不能进行绝对化的表态。因此，当记者采访时，经纪人一般会这样回答："我们已经获悉此事，并且正在积极了解当中。谢谢大家关注此事，之后有任何新的进展会及时通知大家。"

如果销售人员在与客户沟通时遇到了上述类似情况，比如客户投诉，销售人员不妨使用这种方式，既表明自己的态度，同时回答客户的问题。

销售人员要学会运用模糊语言，而且要保持敏锐感，在正确的时机说出模糊语言，而不能使其贯穿到整个沟通过程中。

> **沟通技巧**
>
> 把话说得太满，不给自己留有余地，销售人员将会受到惨痛教训，因为没有人能确保兑现所有承诺，没有人能保证自己知道所有情况。当面对无法保证的事情时，销售人员应该运用模糊词语，在传达出基本意思的前提下，给自己保留闪转腾挪的空间。

六、不给客户面子：客户没了面子，你怎么拥有订单

人们都很爱面子，有时面子甚至比生命都重要，俗话说"死要面子活受罪"，宁可遭罪也得保住脸面，不掉价，不让人看笑话。

既然面子这么重要，销售人员在销售活动中就不能让客户感到没面子，否则产品再好也不可能销售出去。然而，很多销售人员并没有对这一方面多加关注，说话直来直去，美其名曰坦率和真诚，但结果只是让客户尴尬和反感。

在生活中，任何一个人都愿意与有涵养、有层次的人相互交流，而不愿与那些口无遮拦的人交流，因为没有任何一个人想听到不雅之言，都怕被伤了面子。在销

售中也是同样的道理，销售人员说话直白会让客户没面子，甚至谈及客户的隐私或者忌讳，会让客户对你的印象产生一百八十度的大转弯，从而影响销售进程或者使销售半途中止。

因此，在与客户交流时一定要注意以下问题，以免伤害客户的面子。

1. 规避忌讳话题

生老病死虽然是人生不可避免的事情，但晦气的事情始终不能当面说出来。因此，在销售寿险等与忌讳话题相关的产品时，应该委婉地表达死亡的话题，这是保险销售人员最基本的能力之一。

2. 避免批评性话语

批评性的话语是指对客户身边的事物发表一些否定观点或意见。在发表这些否定意见时，销售人员一定要经过大脑，避免脱口就伤人。例如，下面这些话就一定要避免。

上门拜访，销售人员敲开客户家门直接就说道："哎，你家的楼层真高，还没有电梯，累死了！"

"这是什么茶，怎么这么难喝？"

"你的名片设计得太难看了！"

"你穿的这件衣服已经不入流了，过时了！"

这些话都太直白，客户听在耳里，似乎能感觉到销售人员对他的嘲讽和轻视，心里怎么可能舒服？客户没有当场翻脸就算是给面子了。

3. 有些话需要旁敲侧击

即便客户自身存在一些缺点，或者其看法有诸多错误，销售人员也不能直接说出来，以批评的口吻与其交流，更不可以当着别人的面大声地说出来。

销售人员的工作目标是什么？当然是将产品卖出去，并且让客户心满意足。批评与指责不能解决任何与客户有关的问题，只会招致客户的对立情绪，使沟通氛围陷入尴尬。因此，销售人员在面对客户说话时一定要讲究技巧，对一些敏感性的问题要旁敲侧击，这样比较稳妥。

案例 56　售人员旁敲侧击，用"还能跑半年"说服客户购买新车

郑辉唐开了十年的车已经十分破旧了，到了淘汰换新车的时候了。很多汽车销售人员跟他接触，建议他买一辆新车。

有的销售人员说："你这车的配件十分容易老化，发生车祸的概率比较大，你可

要当心点儿!"

还有的销售人员说:"这辆车破死了,真不如换一辆新的,要不然修理费会越来越高!"

郑辉唐觉得这些话非常难听,固执地拒绝了那些销售人员的建议。

有一天,一位汽车销售人员来到他家拜访,看到他的那辆旧车以后对他说:"我认为您的这辆车子还可以再用半年呢,若是现在就换一辆新的,说实话有点儿可惜!"

其实郑辉唐早就想要换一辆新车了,听销售人员这么一说,感觉这辆车确实挺旧了,但这位销售人员并没有像之前的销售人员那样直接戳穿他的车太旧,而是给他留足了面子,于是他决定在这位销售人员身上实现这个心愿,并在次日购买了一辆崭新的汽车。

在这个案例中,这位销售人员的高明之处就在于委婉地表达了客户该换车的意思,化直为曲,顾全了客户的面子。

总之,给客户面子就是给自己面子。销售人员在说话时顾及客户的感受,维护客户的面子,有意见委婉地提出来,客户也会给销售人员面子,更会照顾销售人员的生意。

> **沟通技巧**
>
> 爱面子是人的一种心理需求,做销售时要善于满足客户的面子心理,遇到问题不能过于直白地指出,以免伤害客户的面子。一旦我们很好地维护了客户的面子,而且确实指出了现实中的问题,客户会发自心底地信任我们,我们离成功销售也就更近了一步。

七、说话啰唆:话都说不利索,客户怎么相信你

说话的目的是为了交流,即通过说话的方式将信息传递给对方。说话方式受到思维的影响,如果一说起话来就喋喋不休、啰里啰唆,一般会被人认为思维不清晰。

很多客户都非常珍惜自己的时间,希望能在最短的时间内得到质量最高的信息,从而让自己在尽可能短的时间内做出精准的判断,为做其他事情留出时间。因此,销售人员说话不能啰唆,否则会让客户反感,从而不愿听或者只是敷衍地应付,这

时说得再多也只会是毫无价值的自言自语，不仅浪费了客户的时间，也浪费了自己的时间。

销售人员要想做好销售，一定要抓住重点，将客户购买的主要因素对客户进行精炼的介绍，才能尽快激发客户的购买欲望。这就需要销售人员充分了解客户的真实想法。因此，销售人员要善于鼓励客户说话，仔细倾听，恰到好处地提问，通过客户的话分析其关键需求，发现客户购买的关键因素，然后往购买的方向上引导顾客，产品才能更容易销售出去。

古语云："言多必失。"说话太多并不是一件好事。销售人员的话太多，很容易说出与产品有关的不利因素，对销售工作形成反作用力。

在销售工作中，除了对产品进行介绍，销售人员还要用自己的话引导客户的思维，使客户的思维集中于产品的优势。说话啰唆容易让谈话漫无边际，失去重点，使双方的思维发生混乱，即便最初和客户的交谈气氛再好，由于不能将客户往销售的方向引导，对销售工作是没有任何帮助的。

案例 57　善谈之人销售未果，请教同事才知是说话啰唆惹的祸

王路远曾经是一个十分开朗自信的人，自从做销售以后，他开始变得不自信。无论他如何说，不管说得如何动听，客户都不为所动，都拒绝了他的产品，这让他想不明白。

他觉得自己的产品质量好，价格也合理，自己也尽全力将商品信息都传达给客户，几乎想不到什么不合理的地方。客户为什么拒绝自己呢？

相比之下，同事张珊的业绩比自己好得多，但她说话似乎不太多，口才也不太好。他很好奇，于是向张珊请教，问她如何让客户喜欢自己的产品。

张珊问王路远："你是如何推销的？"

王路远便一五一十地将自己推销产品的方法说了出来。张珊听完以后，笑着说道："从刚才你说的话里我就感觉出来了，你说话太多，语言太啰唆。我这样说你不要难过，我说的是真心话。你试着调整一下，以后见到客户不要一上来就自卖自夸，夸夸其谈，别说那么多没用的信息，最好采用提问的方式，自己说得少，得到的信息还多，何乐而不为呢？"

王路远这才如梦初醒，原来自己一直以来引以为豪的善谈给自己的事业蒙上了一层阴影。看来，善谈并非是真正的会说话啊！

从此以后，王路远在与客户见面时，灵活介绍产品信息，多采用提问的方式，以少量的话拨开客户的嘴，套出最多的信息，成交的机会果然大大提升了。

其实，客户希望销售人员输出信息越快越好，如果销售人员说话啰唆，延迟了

客户接收信息的时间,客户就会产生反感情绪。

> **沟通技巧**
>
> 说话啰唆是思维能力不强的表现,销售人员在介绍产品信息时要抓住重点,简明扼要,切忌"眉毛胡子一把抓",让客户在交谈时忍受琐碎语言的"风暴",杂乱无章的"痛击",这会让客户主动切断交谈渠道,从而失去销售的机会。

八、隐私问题:"八卦"会让你错过好的销售机会

人们都有窥私欲,明星的感情事往往能博得更多人的关注,在日常生活中,朋友之间的话题也有很多是关于其他人的私事,虽然"八卦"他人隐私非常容易引起别人反感,但这也止不住人们对隐私话题的热衷。许多销售人员也常犯这种错误,在工作时忍不住对客户隐私产生兴趣,还没有说几句与产品有关的信息,就把话题转向客户的隐私。

下面这位销售人员的话就很容易惹客户反感:

"先生,您至少月收入过万吧?不然怎么会舍得买这么贵的手机呢?"

"美女,您结婚了没有?"

"先生,您有没有买房子?有车子吗?"

关于收入、年龄、存款、资产等信息,客户怎么可能毫无保留地、心甘情愿地说出来呢?销售一旦说出上面的话,无疑会冒犯客户的尊严,让客户产生不安全感。

案例 58 房地产促销员询问情侣隐私话题,小两口最终转向其他楼盘

刘浩龙是一家房地产公司的促销员,他在房产推介会上遇到了一对未婚情侣来看楼盘。这对情侣打算买了房就结婚。刘浩龙感觉生意来了,决定要钓到这条"大鱼"。他格外热情地请这对情侣看了好几套样图。

在与情侣交谈时,他得知他们是农村户口,在城市工作,打算在城市定居,于是没有多想就问他们:"你们准备什么时候结婚?结婚以后什么时候要孩子?你们的爸妈还搬过来一起住吗?"

他的话一出口,男孩的脸上就发生了变化,尴尬万分,和女孩对视了一眼,没有回答。女孩含含糊糊地说:"这个先暂时不考虑,先买一套住下来再说。"

刘浩龙没有注意到他们的表情,又说:"您这是在凑合啊,

但买房可不能凑合，父母上了年纪，正需要人照顾，最好到这里和你们一起住，因此需要买一个大房子。我建议你们买一套100平方米左右的两居室，这样空间大，价格也比其他的要实惠，你们看怎么样？"

男孩变得非常生气，但一直忍着没有发作，女孩的表情还是很自然，平静地笑着说道："两居室也只能住两家，那我父母怎么办呢？"

刘浩龙这才缓过神来，原来自己一直在过问对方的家事，触及了对方的隐私，导致谈话越来越尴尬，走进了一条死胡同。刘浩龙正不知该如何回答，男孩抓住女孩的手，两个人离开了这里，去了其他的楼盘。

就是因为促销员说了不该说的话题，这单马上要到手的生意就白白丢失了。这位促销员错在还没有确定客户的基本信息，一开口就谈到了情侣十分反感的敏感隐私话题，导致气氛变得很尴尬，使话题失去了控制，客户为了摆脱这种局面肯定会走开。

在工作中销售人员要时刻谨记自己的身份，自己是一名专业的销售人员，任何试图打探客户隐私的话语和行为都会招致客户的反感。过分关注别人的隐私，只会有损销售人员专业和真诚的形象，让客户变得越来越不信任你，以至于错过销售良机。

当然，销售人员也没必要把自己的隐私告诉客户，企图用自己的隐私来收买客户。一个连自己的隐私都不注重保护的人，客户还怎么掏心窝子说出自己的重要事情呢？一旦客户失去对销售人员的信任，也就降低了其在客户心目中的形象，产品如何也就不再重要了，因为客户不会再关注产品，只会扬长而去，另寻他处。

> **沟通技巧**
>
> 隐私是销售人员不能触碰的敏感话题，一旦触碰，就会触发客户的紧张神经，引起客户的不信任和反感，再想推销产品就不容易了。销售人员要做的是管束自己的窥私欲，认真挖掘客户的需求，让客户主动提供自己的信息。

九、不懂装懂：硬撑场面，你会被贴上"假专业"的标签

为了能够解答客户的各种疑问，销售人员应该对产品有全面的了解，但不得不承认，有时销售人员确实无法回答客户的全部问题。比如临时有变故，或者产品出现了预料不到的问题时，销售人员难免会手足无措。在这种情况下，销售人员是选择真诚面对，还是蒙混过关呢？

很多时候，有些销售人员因为无法回答专业问题而尴尬，为了保全面子，显示自己的专业能力，他们开始不懂装懂，或许在当时可以勉强撑住场面，但随意回答

的内容以及不自然的神情终会让客户知道自己的不专业，贴上"不专业"的标签以后，要想再撕掉它就没那么容易了。

因此，下面这些对话反映的情况就要规避：

"先生，我们的沙发外部材质是纯牛皮，而且是新西兰进口小牛皮，采用的是牛身上最嫩的一层皮……"客户说："是吗？那为什么说明书上标的是 MADE IN CHINA？"

"对面那家店的车不行，座椅都不是真皮的，以这个价位来说其实很不实惠。"客户去了对面那家店才知道，店里的汽车座椅也是真皮的。

经过以上几种情况，客户马上对销售人员的印象大打折扣，认为销售人员闭着眼睛说瞎话，哪怕说的话大部分是真的，只有一句是假的，客户也会认为其说的话全是假话。

不是专家，就不要让自己伪装成专家，客户相信的是诚实的销售人员，而不是"披着羊皮的狼"。在遇到不懂的问题时，销售人员可以用几句比较简短的话来大概介绍，然后将自己不懂的地方向客户坦白，并保证过几天后再把谈话重点以及问题的回答一并发给客户，只要回复及时，答案让客户满意，就能在客户心中立住"负责任"的形象，而且"专业"形象也毫发无损。

比如，一位顾客到商场的手机店购买手机，看来看去相中了一款具备私密安全空间的商务型手机。这位顾客平时使用的手机太旧了，对现在的机型也不是很了解，所以让销售员帮忙讲解一下功能。不巧的是，负责这款手机的销售员不在柜台，而临时替班的销售员对这款手机不是很了解。如果她不懂装懂，可能逞强逞能，无法说清楚手机的功能，让顾客听得一头雾水，从而打消了购买的欲望。

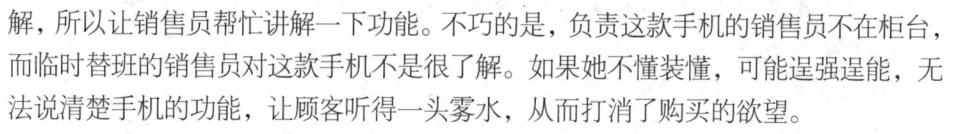

如果她聪明的话，应该这样说："对不起，我对这款手机不是很熟悉，不过这款手机的质量很好，上午还有一位先生买走了一部呢。要不我帮您叫负责人过来吧，她对这款手机很在行，相信经过她的讲解，您一定会满意的。"

因此，做销售切忌不懂装懂，不要想着骗客户，即使客户一时上当，终究有明白的一天。

> **沟通技巧**
>
> 做销售就要做产品专家，为客户讲述专业准确的信息，这是基本功。不过，如果销售人员没有达到这个高度，切不可为了维护自己的形象而欺骗客户，企图以不懂装懂蒙混过关，客户或者当场拆穿，或者事后得知真相，都会导致客户对销售人员的信任感荡然无存，后续销售工作也将无法开展。

十、质问客户：冷嘲热讽的质问只会遭到客户无情的回击

当客户遇到不懂的问题时，作为销售人员要友好地讲解。然而，很多销售人员口无遮拦，遇到客户产生疑问时，对客户采用质疑性的语气，让客户感觉不到礼貌和尊重，从而对销售人员及其产品产生厌恶感。

比如，有些销售人员担心客户听不懂自己说的话，就会在介绍产品时质问对方："你懂吗？""你知道了吗？""你明白我说的话了吗？"有的销售人员说出的话甚至带有讥讽的意味："这个问题这么简单，你应该了解了吧？"

客户在产品方面不专业也很正常，他来购买产品就是为了享受服务，结果花钱买来的不是无微不至的服务，反而是一阵讽刺和嘲笑，自尊受到践踏，哪个客户受得了？

案例 59　暴脾气姑娘张嘴就质问客户，客户投诉让其"光荣辞职"

别看刘采薇的名字给人以文静的感觉，其实她是个脾气非常急、性子很火爆的姑娘，在家经常和父母吵，在外边也经常和男友吵，参加工作之后也喜欢和同事吵。

因为她的坏脾气，每一份工作都干不长久。有一次，她找了一份在汽车城销售汽车的工作，结果上班才一天，客户就投诉到销售经理那里，她马上就被辞退了。

原因还是她的暴脾气。本来一位年轻客户非常有意向购买，他来到一辆大众车旁，绕着车看了好几圈，然后显得很不好意思地问刘采薇："请问，车里的油门和离合器在哪里，我分不太清楚。"

这位客户应该还没学会开车，但是对车很感兴趣，有购买欲望，所以前来咨询。假如刘采薇能注意到这一点，抓住这次潜在的商机，向客户讲解油门和离合器的位置和区别，并讲述其他汽车常识，友好地建议客户先去学车，然后留下联系方式，等将来需要买车的时候，客户一定会优先选择在这里购买。

可是，刘采薇没有考虑到这一点，她的暴脾气又上来了，大声问道："先生，你还不懂车，也不会开车，到这里来干吗？"

客户是一个年轻的小伙子，一听她这句话就火冒三丈，大声吼道："谁刚出生就会开车？！"客户转身离开，找到销售经理，把情况告诉了他。于是，刘采薇刚刚工作半天就因为这件事情被解雇了。

很多销售人员混淆了生活和工作的界限，把生活中的情绪和性格上的缺点带到工作中，并在与客户的交流中无限放大。

第八章
沟通不能太随意，绕开"禁区"才不会坏大事

如果担心客户对过于专业的产品信息理解不充分，可以试探性地询问：

"先生，请问哪里还需要我再详细说明一下吗？"

"先生，我这样说您觉得可以吗？"

这种说法更容易被客户接受，假如他还不明白，就会主动询问。

因此，切忌采用质问的口气和客户说话，这是一种很不礼貌的表现，不但会伤害客户的自尊心，而且会影响销售人员在客户心目中的形象。

由于销售人员在产品问题上比较专业，认为有些问题很简单，但客户可能真的一窍不通，这时就需要耐心地给客户讲解，提供无微不至的服务，从而抓住客户的心。

> **沟通技巧**
>
> 客户不可能是万事通，他遇到不懂的问题向销售人员询问，这正说明他有充分的购买意向。销售人员应该抓住潜在机会，以友好的态度面对客户，为其讲解，解开客户疑惑之后便离成交更近了一步。销售人员切不可嘲讽客户对产品的一知半解，这是对客户极大的不尊重，会严重伤害客户的自尊。

第九章

好销售都会讲好故事，让产品变得有人情味

> 爱听故事是人的天性，销售人员要善于利用这一点，将产品或者业务的介绍嵌入到故事中。故事一定要精彩绝伦，扣人心弦，让客户欲罢不能，并且与产品完美结合，使客户在听故事的过程中迅速对产品产生好感。故事让产品变得有了人情味，客户也会变得有人情味，拒绝的可能性就会减少。

第九章
好销售都会讲好故事，让产品变得有人情味

一、讲出吸引人的故事，拉近客户与自己的距离

和客户保持良好沟通，这是销售人员的重要课题，而良好沟通的重点在于销售人员是否能深入到客户的情感层面，而非仅仅停留在产品层面。

在日常销售工作中，要想激发客户的兴趣，一般依靠话术，但如果在推介产品时完全按照话术照本宣科，只是简单地阐述产品采用的优质材料、拥有的超前技术、经过的高频次实验、占有的市场份额等，客户只会给你一张木无表情的脸。"老王卖瓜，自卖自夸"是不能获得客户的情感共鸣的。

要想让产品介绍变得有艺术性、有吸引力，就要学会讲故事。要知道，无论是上门推销还是在客户走进店面后向客户推销，客户都要经过引起注意、激发兴趣、展开联想、比较权衡、产生信任、采取行动和满足需求等一系列心理过程。在这一系列过程中，讲故事无疑是引起客户注意、激发客户兴趣、促使客户展开联想以至于做出购买决定的最好方式。

有句话说得好："销售人员要打动客户的心而不是客户的脑袋，因为心离客户装钱包的口袋最近。""脑袋"指代客户的理性，"心"指代客户的感性。讲故事的方式就是通过营造一种氛围来打动客户的感性心理，帮助其插上想象的翅膀，使传达的信息变得有趣，为其留下深刻的印象，从而激发客户对产品的强烈兴趣。

当然，要想为客户讲出好故事，一定要注意积累素材。任何一家企业、一款产品都有它独特的话题，销售人员要懂得利用业余时间梳理自己掌握的故事。当销售人员具备了一个庞大的故事库，能够信手拈来时，打动客户的心自然不是难事。

一般而言，故事的类型主要有以下几种。

故事的类型：介绍性故事、引人注意的故事、产品信息故事、克服担心的故事、金钱的故事、家庭故事、安全故事

（1）介绍性故事：你的身份是什么？来见客户的原因是什么？你能为客户提供哪些服务？

（2）引人注意的故事：讲述企业的发展历程、产品开发背后的趣事或者感人故事、员工或者客户的励志故事等。

（3）产品信息故事：销售人员在讲述这类故事时不能仅介绍产品类别、款式和功能等，而要将这些信息融入故事中。

（4）克服担心的故事：谈及客户曾有过的担心，并说明解决这种担心的方法和

这样说客户才愿意听

最后的效果。

（5）金钱的故事：在故事中充分展现产品为客户省钱或者赚钱的效果。

（6）家庭故事：向客户表明产品能使客户的家庭幸福，为客户描摹产品为家庭幸福所做的贡献，使客户自觉构建起产品在家庭场景中的构成部分。

（7）安全故事：讲述产品为人提供安全保障的故事，表明产品能确保人身安全、经济安全等。

不管销售的产品是什么，销售人员一定要勤于收集那些能令客户产生情感共鸣、激发内心需求的故事。说服客户并非易事，尤其是说服那些固执己见的客户更是如此。将说服的内容换成故事的形式就变得容易多了，这样便可以激发客户的好奇心，开发客户大脑中的奇妙想象力，在潜移默化之中成功地影响客户的购买心理。

不过，要想将故事讲得引人入胜，还需要掌握以下方法。

1. 量身定做

故事是讲给客户听的，一定要确保符合客户的口味，因此一定要根据客户的身份、地位、年龄、性别、购买产品等因素有针对性地讲述故事，否则讲述一个令客户不感兴趣甚至令其反感的故事会弄巧成拙，客户购买产品的可能性会大大降低。

2. 要有细节

销售人员讲故事时切不可只讲述故事梗概，一定要有细节，这样才能触动客户的心灵，使客户感受到产品的独特性，并激发客户在脑海模仿故事场景的冲动。因此，采用能够触动客户的细节，让故事听上去具有真实感和代入感，客户就能够理解和认同。不过，故事中的细节不能太过于详细，比如，最好不要涉及具体的城市和地点，以免剥夺客户想象的空间。

3. 偶尔的自嘲

当与客户聊得比较尽兴时，为了衬托产品的优点，销售人员可以适当地自嘲，谈论一下自己遇到的困难和尴尬事。

比如，销售人员在向客户推销空调时可以说："到了夏天，只要我一感觉热，我就马上开空调，不用空调总感觉不习惯。有一次在外边回到家，热得汗流浃背，我赶紧按下空调遥控器，发现家里没电了，那个时候屋子就像一个蒸笼，外边天气闷热，打开窗户也没用，我就像热锅上的蚂蚁，不停地擦汗，用水洗脸，折腾得够呛，干什么事情都没心情了。"

这种自嘲似的讲述往往效果非凡，因为这种讲述强调了夏天没有空调的狼狈处境，衬托出了空调的重要性，而且在自嘲的时候还能拉近与客户的距离，因为很多客户在这时会在销售人员的身上看到他自己的影子。

4. 轻重有别，故事要为产品服务

故事固然需要有趣，但趣味性若盖过产品信息则故事就变得毫无价值。销售人员可以通过故事吸引客户的注意力，但千万别让客户忽视了产品。因此，故事中的产品信息要着重突出，嵌入充满趣味的故事情节中，让情节为产品信息作陪衬。有趣的故事要为产品服务，让故事与销售保持一致。

一切沟通都从心开始。一个能够触动客户情感因素的故事能在销售人员与客户之间搭建一座无形的心灵桥梁，让销售工作事半功倍。故事能激发人们内心深处的情感，使其不知不觉间从心底进行角色置入，由人及己，实现故事与现实在内心的互动。

> **沟通技巧**
>
> 客户会一直提防着销售人员的推销话术，因此，讲述动人的故事，通过动人心弦的故事激发客户的好奇心和兴趣，使客户与销售人员的沟通同步和谐，就成为销售人员事半功倍的手段。

二、故事并不一定虚构，真实的故事最有说服力

现在媒体上的各种恶意炒作、商业诈骗和虚假代言不断曝光，挑战着人们的真实底线。故事一旦不能给人以真实感，会让人感到厌恶。因此，销售人员在给客户讲故事时也应该遵循真实性原则，以保证产品的可信度，维护企业的良好形象。

由于销售人员所讲的故事与产品相关，所以过分夸张、胡编乱造的故事会对产品的销售产生不利影响，而来自事实甚至亲身经历，或者在同事、朋友身上发生的故事才更具有说服力。

案例 60　法国葡萄酒背后的故事让酒商动了心思，品鉴家很快又浇冷水

有一位葡萄酒商人与葡萄酒品鉴家对葡萄酒的各种问题展开了讨论。由于品鉴家资历较深，葡萄酒商人大多数时间都是向他询问。

他问道："为什么法国红酒那么贵？用的原料不还是那么几种葡萄吗？"

品鉴家说："故事，重要的是故事。法国的一瓶红酒，如果价格为 3000 元，味道仅占 1000 元，而故事占 2000 元；如果价格为 10 万元，味道仅占 1 万元，而故事

占 9 万元。"

葡萄酒商人恍然大悟，激动地问道："原来是这样啊，那我们何不也编造一个动人心弦、令人向往的故事，然后抬高葡萄酒的价格，这不就完美了吗？"

品鉴家笑了笑，摇摇头说道："故事不是随意编造出来的，必须具备两个特点：一是有基本的事实依据，二是故事的整理和传播要遵循文化价值而不是商业价值。假如为了多卖钱而现编故事，故事便没有了价值。"

品鉴家的说法其实很有道理，法国人对种植葡萄树有着严格的要求，平均 1 平方米土地只种 1 棵葡萄树，1 棵树长出的葡萄最多酿 1 瓶酒；如果酒的品质要求更高，单棵树的葡萄酒产量会更低。不仅如此，法国著名酒庄的正牌产品，其葡萄树的树龄至少有 35 年。

高明的销售人员都会让客户觉得自己并不是在卖产品，而是在向其讲述一个非常诱人的故事。故事的核心是真实性，就算故事不完美，其真实性也会为故事加分。

某心理学家曾说道："每个人都拥有一个心理真实感的探测器，我们能够分辨出那些听起来不真实的事情。"任何一个客户都不是好骗的，大家都讨厌那些明明在弄虚作假还刻意掩饰的推销员。

真实的故事用不着销售人员刻意强调，客户只要一听就能真切地感受到其真实性。用真实的故事来佐证产品的质量和受欢迎程度，可以在某种程度上暗示客户，远远胜过讲一大堆道理，举一大堆数据。

案例 61　导购员向顾客讲述某老伯买电动车的故事，顾客听完即成交

一位顾客来到一家名牌电动车专卖店，看了一会儿，还是没有拿定主意，于是问导购："我经常在电视上看到关于电动车的广告，但牌子太多，你们的电动车到底有多好？"

导购没有急着给顾客介绍电动车，而是笑着说："先生，听您这么一说，看来您对电动车比较关注，而且对此做过研究。其实，我们的电动车上过电视台广告，中国驰名商标、中国免检产品等这些自然不用我多说。我还是跟您讲一讲某位老伯的故事吧，他就是在我这儿买的电动车。

"这位老伯从来没骑过电动车，他来了之后就马上问我这个牌子的电动车怎么样。我对他说，我不能对自己的牌子自卖自夸，还是靠他去检验。你肯定也同意这一点，骑得人多的牌子肯定是好牌子。于是，我就请老伯搬了把椅子坐在路边，一个个地数开过去的电动车，看看有多少辆是我们的牌子。老伯一边抽烟一边数数，结果才抽了一根烟他就对我说，在过去的电动车中，我们这个牌子的最多，有 16 辆车。于是，老伯二话没说，当时就买了一辆。"

顾客听完之后若有所思地点了点头，然后向门外看了看，没有两分钟便满意地说道："确实如此，路上的电动车还是你们的牌子最多。那好，我就在你们这儿买一辆吧！"

> **沟通技巧**
>
> 故事要为销售服务，而很多虚假的故事不仅缺乏真情实感，还与产品关联甚少甚至背道而驰，很难打动客户的心。其实，故事并非都是虚构的，真实的故事能给客户带来更真切的感受，拥有更强大的说服力，也能在不知不觉间对客户产生心理暗示，促使客户下定购买的决心。

三、做造梦高手，为客户讲一个具有代入感的故事

每个人都有梦想和对未来的憧憬，或者叫愿景，这个愿景就是一个人的精神支柱，不管是否能够实现，总会给人带来心理上的动力和心灵上的安慰。不过有些人的梦想并非自觉产生，他们的内心有渴望，但不会轻易说出来，不会直接表现出来，要想说服他们，就需要按照他们的心理需求设计一个愿景，使其内心产生代入感，让对方以此为动力。

愿景故事就是造梦故事，为客户编织一个美好的梦想，可以很好地维持客户忠诚度。如果愿景符合客户的需求，而且与产品高度吻合，客户自然会对产品有更多关注，将自身的希望和愿景投注到产品上。

在构思愿景故事时，需要把握以下两个要素。

1. 客户的需求

愿景故事不能凭空出现，它不是由销售人员主观臆造出来的，而是建立在客户的心理需求基础上。销售人员必须想办法了解自己的客户，探索他们内心的真实需求，从而对症下药，帮助他们编织一个完美的梦想。一旦这个梦想和产品巧妙结合在一起，客户就会将梦想的实现寄托在购买产品和消费产品上。

2. 愿景的度

愿景故事是销售人员为客户编织的梦想，而不是妄想。因此，一个好的愿景故事应该掌握适度原则，既不能让客户觉得遥不可及、脱离现实，也不能让客户觉得过于简单，不然在其获得满足之后很快就会对产品失去后续的关注。只有确保让客户处在一个想要获得又不能轻易获得的处境中，整个愿景故事才能发挥长久的吸引力，使产品长久保持高销量。

案例62　销售人员介绍产品优势没有订单，讲述愿景故事订单不断

张汉周在大学毕业之后来到一家在线体育用品商店工作，主要工作职责是接听打进来的电话，让客户购买公司最好的产品。这些产品质量更好，价格肯定也会更贵。

当客户打来电话时，张汉周就会给他们阐述优质产品的诸多好处，比如，有客户打电话购买篮球架，他便说："我们的篮球架更耐用，篮板也更宽，质保范围也更广。"

经过几个月的辛苦努力，他几乎没有得到订单。后来，他调整了思路，不再跟客户讲述产品的好处，而是开始跟他们讲"两条路"的故事。

"这个篮球架挺不错的，想象一下，两年之后，由于您的孩子一直练习篮球，所以他的篮球技术越来越好。不过遗憾的是，家里的篮板太窄了，不能像在学校那样进行擦板投篮，要是把篮球架降低一些，在投篮时很容易把篮板弄坏。在这种情况下，您又得买一个新的篮板，因为篮板的维修不在质保范围内。

"真的很糟心是不是？不过，如果你买另一款篮球架，两年后又会是什么样子呢？您的孩子依然可以在家里练习，因为这款篮球架和学校的一样先进，就算降低篮板进行扣篮，篮球架损坏之后，我们还会免费寄来一副新的。假如您之后会一直住在您现在所在的房子里，而且想买一个能够长久使用的篮球架，我推荐您购买这款。"

在使用这种方法之后，张汉周获得的订单数量直线上升。

如果愿景故事契合的是客户的利益点，自然能够长久吸引客户的关注。因此，如果客户暂时未能想象到产品给他带来的好处，不妨为他讲述一个具有代入感的愿景故事，使其快速将自己置身于未来的产品情境中不能自拔，从而深深迷恋上产品并迅速购买。

销售工作就是向客户提供足够充分的购买理由，不断地挖掘客户的购买需求，使他从"需要产品"转变为"想要产品"，进而转化为购买行为。在这个过程中，通过一定的情景设置可以让产品与客户的情感相结合，从而产生强大的购买推动力。

不同的故事可以帮助客户从不同的角度考虑，销售人员要根据自己对客户的判断讲出适合客户的故事。在这一过程中，故事就是一件说服的法宝，可以加深客户对产品的印象，促使其下定决心购买产品。

> **沟通技巧**
>
> 做销售要善于挖掘客户的隐秘需求，并通过愿景故事的方式激活客户的需求。愿景故事一定要联系实际，不能胡乱臆造，而且要掌握适度原则，不能是太难实现的愿景，也不能过于简单。愿景故事中的客户需求要能够一直存在，从而长久地吸引客户。

四、制造冲突和挑战，让故事引人入胜

生活离不开故事，人们对故事有着一种天然的好奇和兴趣。但是，并非任何故事都能吸引人。一个好的故事多半是激荡起伏、扣人心弦的，如果一个故事波澜不惊，那么故事的精彩程度和吸引力就会损失过半。小说和电影中的故事之所以能够使人如痴如醉，情节的承转起伏以及矛盾冲突是一大功臣。没有矛盾冲突的故事并不算是一个好故事，因为它无法吸引听众。在整个故事中，冲突是核心内容，是故事中一个必不可少的要素。

销售人员在讲述故事时也应该着重制造冲突，只有这样才能给客户带来情感上的震撼，引起客户的关注。大家都知道，客户在购买产品时通常都希望能够买到物美价廉的产品，而销售人员则希望多卖钱，两者之间形成了分歧。

在面对这种分歧和冲突时，讲的故事一般有以下两种。

1. 恐怖故事

这里所说的"恐怖故事"并不是说鬼故事或者血腥的故事，而是指一些低劣产品带来的后遗症。在讲述这种故事时，要重点讲述某些客户购买价格低廉的产品之后遭遇到的惨痛经历和教训。

比如电热水器，在制造冲突时要将价格低廉和质量低劣作为故事的核心观点，将这两点作为冲突点。比如："某位消费者在购买某个便宜的热水器以后，在洗澡时突然遇到漏电事故，不幸身亡。"这类恐怖事件会让客户在购买产品的时候变得更加谨慎，放弃便宜货，转而购买销售人员推荐的质量更好的产品。

再举一些类似的例子：

"这些药物的疗效确实不错，但实际上有位患者在服用药物后出现了后遗症，长时间走路不协调。"

"化妆品一定不能选便宜的，很多人在使用价格低廉的化妆品后，脸上出现了过敏反应，长出了痘痘，而且一直下不去。"

"恐怖故事"中的冲突往往不符合人们对产品使用价值的预期，没有人愿意出现意外，更不希望自己遭遇意外，一旦把握住客户的这种心理，就可以利用这些故事和冲突来赢得这场心理战。

2. 美好故事

美好故事主要突出的是好产品的功效与价值。一般来说，销售人员可以对客户说这样的故事：某位客户在过去的一段时间里一直都在购买一些价格低廉的产品，

但一直未见效果，直到他多花了一些钱，购买了一些更好的产品后，发现以前的烦恼慢慢消失了。

前后效果的转变和对比也是一种冲突，将现在与过去对比，着重突出了产品的高质量，就会在心底打动客户，使其追求那些价格更高、质量更好的产品。

案例 63　耳机制造公司放言乔布斯未听过高音质音乐，引起关注

苹果公司曾和一家耳机制造公司进行谈判，想要购买对方公司的耳机制造技术。

在双方会面时，耳机制造公司的代表对乔布斯说："在过去几十年里，你肯定没有听过好音质的音乐，因为你并不知道什么才是好音质的音乐，而现在你该看看我们的产品了，而我的手头也有一大批开始真正享受高音质生活的人。"

乔布斯一下子就被吸引住了，然后双方开始了谈判，而这家公司最终成功出售了自己的耳机制造技术。

冲突之所以重要，是因为它将整个故事变得趣味十足。其实，不管是"恐怖故事"还是美好故事，这些故事所追求的都是一种美好生活，都包含了"追寻元素"。在追寻的过程中，设置一些转折和问题，并在故事中圆满解决问题，解决方式便是购买并使用产品，这刚好契合了客户追求美好生活的目标。

> **沟通技巧**
>
> 平淡如白开水的故事流于形式，不能吸引客户，更无法刺激客户的需求。销售人员要善于制造冲突，在故事中引用对比、夸张等表现手法，使故事变得激荡人心、妙趣横生，客户也就会对销售人员的讲述产生兴趣，进而对其产品产生兴趣，并在最后转化为购买行为。

五、越简单越好，简短话语也能讲述精彩故事

如今产品越来越同质化，而客户的购买行为则越来越理性，这使产品销售变得越发艰难。因此，讲故事成为一种非常重要的销售手段。不管在哪个行业做销售，任何一名销售人员都应该学会讲故事。

故事虽然很重要，但作为销售人员，在讲故事时要以销售为导向，去除各种与销售场景无关的故事背景和细节。讲述销售故事也要讲究效率，成功的销售故事越简单越好，往往只需短短的几句话甚至几个词语就能够形成一个故事，在客户的大脑中创造画面感，从而引发客户共鸣。

第九章
好销售都会讲好故事，让产品变得有人情味

但这对很多人来说并非易事。很多人会疑惑：如果销售故事脱离了故事背景和细节，还能吸引客户的兴趣吗？答案是肯定的，因为有很多优秀的企业就是通过一两句话讲了一个故事，从而实现了销售的大幅增长。

1. 销售故事可以是几个句子

销售人员讲的故事如果能够戳中客户的心坎，无疑会让客户产生共鸣，这时，简短的几句话就能吸引客户，促成销售。这种情况在广告语中极为常见。

有一次在去机场的路上，我发现前面的出租车后玻璃窗上贴着一个广告，上面有一句广告语："叛逆、网瘾、厌学、难沟通，问题孩子，一个电话我们帮您"。原来这是一家青少年心理辅导机构的广告语。假如你也看到了这幅广告，你的第一感觉是什么？你的大脑中有没有产生某个画面？只要你正在遭遇广告语中提到的情形，就一定会产生深刻的共鸣。这家青少年心理辅导机构并未吹嘘自己的专业性，也没有夸奖自己的品牌权威，只是用了短短的几个词，就十分形象地勾勒出了客户遇到的种种问题。

销售人员讲故事应该让客户意识到自己的痛苦，并且放大这种痛苦，在故事中高度提炼与客户有关的内容。

2. 销售故事可以是一句话

OPPO手机的广告语"充电五分钟，通话两小时"之所以能够成就OPPO，就是因为这句广告语讲了一个经典的销售故事，直接戳中了很多消费者的痛点，放大了消费者手机电量不足的痛苦。别看短短的一句话，冲突就是靠一个对比的技巧建立了起来。

一句话就可以是一个销售故事，这听起来很难，不过，如果销售人员习惯了用讲故事的技巧去做销售，习惯了不断收集和整理讲故事的素材，这也并不是特别难以做到。

案例 64　店员用事实说话，客户终相信家居产品环保

有一位顾客来到家具店，在绕家具店看了一圈以后，相中了一款软垫沙发。为了杀价，这位顾客对店员说："这款沙发看起来很好，我很喜欢，不过沙发毕竟是每天都要接触的家具，它是否是环保的呢？要是不环保的话，身体健康可就没法保障了。"

店员是一位孕妇，肚子已经很大了，仍然坚持上班。店员没有去解释产品材质有多么环保，而是笑呵呵地跟客户说道："先生，您瞧瞧我这么大

135

的肚子还在这里上班,要是这里的产品不环保,我不早就辞职不干了吗?"

客户听了店员的话,又看了看店员的大肚子,会心一笑,说道:"对啊对啊,我怎么把这一点给忘了。那好,我就买这款吧!"

3. 销售故事可以是一个词

一个词就是一个销售故事,而这个词要能高度概括产品的特征和卖点。比如,一提到德芙巧克力,消费者想到的词是"丝滑";一提到雪碧,消费者就会想到"透心凉"。承载销售故事内涵的这个词一定要能在客户的大脑中创造出丰富的画面感,而且是独一无二的场景体验,并且要与产品完美地结合。

要想通过讲故事来做销售,就必须熟悉产品卖点,抓住讲故事的核心,避免和客户闲聊。

> **沟通技巧**
>
> 讲销售故事也要讲求效率,要把不重要的细节或者背景砍掉,只用简短的话语或者词语为客户勾勒丰富的场景。只要销售人员能够精准把握客户的需求,用适当的语言提炼出客户的需求点和痛点,再短的话语也能说到客户的心坎上。

六、为客户编一个"她"的故事,让产品变得"浪漫"

对销售工作而言,说服是非常重要的环节。最高明的说服几乎不会让客户感觉到自己在被说服。销售人员讲出一个好故事,将故事与产品结合起来,就是对客户无形的说服。

除了制造冲突的故事外,为客户编一个"她"的故事,营造一个浪漫感人的情境,也会让产品变得妙不可言,摄人心魄!

案例 65 公司设计出浪漫广告,用爱情打动消费者的心

有一家钻戒公司请广告公司为自己的产品设计了一款销售广告。该广告联合文字和影像,为消费者编织了一个美丽的故事。

一对纯真的情侣,他们彼此真心相爱,磨合不断,历经冬天的白雪、春天的绿叶和鲜花、夏天的繁花和烈阳,最终共同迎来秋天的果实。两人坐在秋天公园的秋千上摇曳生姿,周围是一片丰收的颜色,头顶的枫树撒落了枫叶,从两人身边缓缓飘落。

他们含情脉脉地注视着对方,而女孩的手指上则戴着一颗闪闪发光的钻戒。这

第九章
好销售都会讲好故事，让产品变得有人情味

时画面中出现一句话：两心相系，一生一世！

这则故事广告妙到极致，利用一个动人的故事将产品推到大众面前，用这样一个浪漫的故事告诉全天下的男孩：如果你爱她，就去为她买一款这样的钻戒吧！

销售故事的优势在于它可以吸引客户的注意力，引导出客户的心理需求，销售人员只要能够为客户讲出最具有煽动力的销售故事，使其感同身受，他们就会视产品为至宝，并且迅速下单，然后用它来追寻自己的完美故事。

> **沟通技巧**
>
> 只会将产品性能摆出来然后撞大运的销售人员，其成功率小之又小。要想成为一名真正的销售高手，讲故事的技能是必不可少的，尤其是为客户讲一个其非常感人的情感故事，这关系到你是否能够一下子抓住客户的心。

七、数据变成故事，枯燥的讲解变得妙趣横生

在销售中，我们切不可犯"唯数据论""唯数字论"的错误，认为单纯地把业绩用数字表现出来会简单明了，有说服力。其实，大多数人对于数字的看法是这样的："这只不过是一堆数字而已。"

客户在听销售人员讲述时，他们更加需要的是一些能够刺激想象力的画面，这些画面具有极强的故事性。比如，两家汽车制造商在为客户讲述汽车的销售量时分别是这样说的：

汽车制造商 A 说："我们卖了几千万辆汽车了，其中一辆汽车曾经跑了 480 万公里。"

汽车制造商 B 说："我们销售的汽车摆出来可以绕地球一圈了，其中一辆汽车所跑的行程加起来可以绕地球 120 圈。"

其实这两家汽车制造商阐述的内容差别不大，不管是数量和质量都相差无几，但汽车制造商 B 所说的内容拥有更丰富的故事感和画面感，容易给客户带来更形象、更深刻的印象。

画面一般要比数据拥有更强大的吸引力，销售人员要掌握一定的技巧，将数据转化为相应的画面。

案例 66 鞋店推销新品，用排长队的照片塑造热销场景，逆袭成功

两家球鞋专卖店位置非常接近，相互视彼此为竞争对手。不过 A 专卖店比 B 专

卖店的销量要好一些。

有一次，这两家专卖店都要上新鞋，为了推广自己的新产品，两家专卖店用了不同的手段。

A专卖店贴出了一张统计表，上面是过去5年专卖店的销售数量，它们分别是5000双鞋、8000双鞋、12000双鞋、17000双鞋和23000双鞋。

B专卖店也不甘示弱，不过它没有贴出数据，而是贴出了5张照片，分别是2013年到2017年新鞋发布时，顾客在店外排长队的情景。排队的人数随着时间后移不断增加，场面越来越震撼。

由于两家专卖店位置很近，结果本来去A专卖店的顾客也被B专卖店的海报吸引，转而去那里购物了。

顾客之所以更喜欢去B专卖店，很大程度上就在于数据与画面的对比。干巴巴的数字无法像画面那样展现出十足的吸引力和震撼力。画面带给人的冲击比数据大得多，就算数据非常惊人，但在看过数据和画面的人中，多数人仍旧对画面中呈现的内容有着更为深刻的印象。

数据体现的是一种更为严谨的标准和提示，而画面则代表了一种故事性。画面中的人们在排队购物，这本身就是一个好的故事素材，消费者可以从这个故事中直观感受到B专卖店的产品畅销。

那么，如何把数据变成画面，突出其故事感呢？

1. 转变展示方法

要想向客户展示自己的产品和业务，单纯列举数字并不十分有效，因为人们对数字并没有什么太大的概念。销售人员可以用文字表述、图像展示、视频播放、故事宣传等方式讲述自己的产品和业务，而一般影像和故事的画面感更强烈，对客户有着更强烈的触动。

2. 直接换算

直接换算指的是将那些抽象的数字转化为更有趣的表达方式。

华盛顿有一家老牌餐厅，营业时间接近90年，从20世纪二三十年代美国经济危机期间开始营业，一直到现在仍有着不俗的业绩。

老板在一次动员大会上询问员工："如果要利用咱们的优势来招揽顾客，应该如何做呢？"

员工们商量了一下，然后回答说："先生，我们餐厅拥有差不多90年历史了……"

第九章
好销售都会讲好故事，让产品变得有人情味

老板摇摇头，说："不，你们应该这么说：'有一天，我们餐厅迎来了一位重量级顾客，那就是著名作家海明威，后来他时常来此进餐……'"

员工和老板其实都讲述了同一个事实，即餐厅的历史底蕴，但直接说"我们餐厅拥有差不多90年的历史"显然没有"著名作家海明威在餐厅就餐"更有意义。转换了时间表达方式之后，故事性更强，历史感更加厚重，对顾客的吸引力就大为提升。

无论如何，单纯的数据无法创造太多销售，多数客户并不会迷信数据的作用，要想真正说服客户，要想真正让客户购买自己的产品，就必须打造一个更加立体、生动的画面，而这些画面恰恰是提升销量的关键。

> **沟通技巧**
>
> 画面与数据相比拥有更强的故事性，能够迅速吸引客户关注，使其直观感受到产品或服务的特色和优势。而单纯的数据冷冰冰的，没有感情色彩，不易激发客户的情感，人们更喜欢故事。因此，销售人员要懂得转变展示产品的方式，将无趣的数据改头换面，变成有趣的画面故事。

第十章

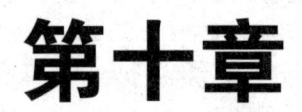

坚守价格阵地，一锤定音敲定有利价格

价格是谈判的关键，面对价格谈判，销售人员应善于运用各种策略来推动谈判进程，并获得主动权。如果双方分歧太大，可以有条件地让步，为双方的友好协商以及合作共赢奠定良好的基础。

一、没有摸透客户底线，直接报价容易"将死"自己

到了报价阶段，成败在此一举。尽管前期沟通顺利，但如果销售人员报价时出现偏差，就很有可能将之前的努力白白浪费。第一次报价时价格不能过高，否则客户很有可能不给你第二次报价的机会。

这就需要销售人员在报价之前先摸透客户的心理价位，找到客户的底线，否则会将客户吓住，使其不敢再与你打交道。比如，客户的心理价位是1万，而你直接报价5万甚至8万，就算能议价，客户也看不到什么希望，就会直接失去和你继续洽谈的信心。

有人可能会说，可以继续跟进客户，告诉他第一次报价虽然很高，但最终成交价会很低。但这样做只会让客户心生疑惑，认为产品的价格虚高，报价可以直降，说明利润空间肯定非常大。

客户这种思维一旦成型，就会对销售人员及其公司产生不信任，并不断试探和挖掘产品的价格底线，哪怕将产品的利润空间完全吞噬，仍然会觉得自己吃亏，还可能在后期合作中寻求补偿。

在实际销售活动中这样的情况比比皆是，根本原因就在于销售人员第一次报价太草率，后期就只能被客户牵着鼻子走。那么该如何稳妥报价呢？

1. 报价前先介绍产品优势

销售人员在销售工作中不要急着报价，在正式报价前要争取先向客户介绍产品的优势，一来可以让客户更好地了解产品，二来也能为正式报价做出铺垫，打好基础。销售人员可以通过介绍产品来延长沟通的时间，从而更进一步地了解客户需求，并制订出更有针对性的报价。

2. 当客户直接询问价格时，给他两个报价

有时可能会遇到比较棘手的情况，某些客户根本不会给销售人员拖延时间的机会，而是直截了当地询问产品价格。遇到这种情况该如何报价呢？答案是立即给客户两个报价，一个是相比同行的市场平均价而言的超低价格。销售人员可以告诉客户，公司推出的某款产品正在开展优惠促销活动，主要是为了提高市场占有率，这种产品没有特殊功能，只是满足大众基本需求。

另外一个价格是正常价格，稍微低于公司规定的统一报价，但比公司规定的最低成交价稍高；同时稍低于同行的平均报价，但比同行的平均成交价稍高。销售人员可以告诉客户，这个价格是主推产品的市场价格，主推产品的功能比较强大，能够满足较高需求。

这两个报价能够最大限度地获得客户的初步认可。通过超低报价，用价格优惠的产品提醒客户，自己的产品有着强大的市场竞争力。通过正常价格，用中高端产品提醒客户，中高端客户也可以通过购买产品满足自身需求。

因此，不管客户是哪种类型，这种报价都能给予客户一个比较深刻的印象，为成交奠定初步基础。

> **沟通技巧**
>
> 第一次报价切不可草率，要先掌握客户的心理价位和底线，通过介绍产品优势拖延时间，以寻找机会获取更多客户信息，从而能报出更有针对性的报价。即便客户直接询问报价，销售人员也不要单一报价，而是要报出超低价格和正常价格，满足客户的不同需求。

二、把报价权利交给客户，让客户自己说出合理的价格

价格问题永远是销售过程中绕不过去的一个难题，一般来说，谁先报价，谁就比较容易丧失价格主动权。如果销售人员先报出价格，在接下来的过程中，其与客户就价格所进行的谈判只能在某个限定的范围内上下浮动，客户不可能超出这一范围买下产品。可见，先报价就会损害自己的利益。

假如客户在行业内经验丰富，对产品了如指掌，销售人员一旦先报价，价格很有可能会引起客户的不满，这就容易导致谈判陷入僵局，甚至谈判中断。

因此，销售人员不妨尝试让客户先报价。

案例67 女顾客抱怨裙子价格高，导购员让她出价，最后达成交易

一位美丽的姑娘走进某时装店，一进门就将眼光投向一件裙子上。这时导购员何梅迎了上来。

何梅微笑着说："您好，美女，一看您的眼光就不错，这款裙子是我们店里的主打款，前几天刚进的货，不管是面料还是颜色，都是最时髦的。"

客户问："这是什么面料的？"

何梅回答："这是丝质的，穿起来又透气又舒服，还不起静电。如果您喜欢可以试穿一下。"

客户想了想，最终还是试穿了一下。客户试过裙子之后，何梅对她说："看，您本来就很苗条，穿上这件裙子就更显得您的身材好了，走在街上肯定会收获非常高

的回头率。"

客户问:"这条裙子多少钱?"

何梅说:"499元。"

客户小声叹道:"这么贵!我实在接受不了这个价格。"

何梅又找出很多夸赞她的话:"对于这样的面料来说,这个价格还是比较划算的。看得出来您很喜欢,而且这一条裙子也很适合您。如果您穿上它,一定会让其他女孩子羡慕不已。您一看就是一个生活质量很高的人,一定知道我们店的服装是出口到国外的……"

客户仍然抱怨道:"不过我还是觉得这个价格有点儿高。"

何梅又换了一种思路:"这件裙子非常受欢迎,但是因为数量有限,我只推荐给那些穿起来非常合适的人。昨天就有一个女孩想要买下来,出价400元,我愣是没卖给她。这样吧,您给出个价,看看您想多少钱买下来。"

客户说:"400元也不卖?"

销售员:"对,这个价格都接近我们的成本价了。"

客户考虑了一下,然后说:"450元吧,咱们也就别在价格上面争来争去了。"

何梅叹了一口气,有些不情愿地说道:"好吧,我帮您装起来,希望您以后能推荐其他朋友到我们店里购买衣服。"

这个案例中的导购员之所以能将裙子卖出去,是因为她在恰当的时机给了客户出价的权利,让客户觉得获得一定的决策权,从而产生一定的心理优势,销售自然就容易进行下去了。

然而,很多销售员为了一次性赚取更多利润,总是不肯做出让步,自己牢牢把控出价权,不给客户任何决定的余地。由于客户一直处于被动地位,购买心理会在一定程度上受到限制,很可能会因此而转身离开,导致客户流失,使销售工作陷入失败境地。因此,在进行销售工作时,销售人员一定要给客户一定的价格决定空间,在适当的时候让客户出价。

让客户出价,我们要注意哪些问题呢?

1. 了解客户各方面的购买情况

客户的购买情况包括客户的身份、购买能力以及购买意向等。如果是新客户,要深入了解他们的购买情况确实有些难度,但还是可以通过一些外在的因素观察出来的,比如客户的外表、表情、眼神、动作、言语等。这就要求销售人员善于观察,密切注意客户的一举一动,从中获悉其身份、购买产品的意向等,以此来决定何时让客户出价。

2. 给客户一个价格区间

在购买产品时，客户肯定希望购买物美价廉的产品，因此销售人员要先让客户认识到商品的价格范围和质量水平，然后让客户在此基础上出价，避免出价过低而导致销售利润过低。

不管客户是业内人士还是业外人士，销售人员都要给客户一个大致的出价范围。这个出价范围并不是一个简单的数字区间，而是销售人员通过向客户介绍产品的相关情况，将产品价格划入一个稳妥的价格圈，让这个价格圈成为客户衡量产品价格的参考。这样一来，客户不管如何出价都会受到价格圈的影响，给出的价格也会相对合理。

当然，如果对方是老客户，双方有长期的业务往来，而且合作关系也很融洽，谁先报价都是可行的。

> **沟通技巧**
> 先报价容易使自己陷入不利境地，所以销售人员可以在详细了解客户购买情况的基础上把出价权让给客户，满足客户的决策需求，客户成交的心理意愿就会增强。但同时也要给出一个合理的价格区间，使客户无论如何都能在合理范围内出价。

三、"红白脸"相继登场，演一出让客户让步的"双簧"

谈判固然要以双赢为目标，但对人笑脸相迎、一团和气也不是绝对正确的谈判方式。双方在谈判时都会有私心，都想要尽最大可能争取自己的利益，如果一味讨好，会让对方觉得我们有求于他。对方就会变得更加傲慢，盛气凌人，逐渐占据上风。

因此，有时候有必要刺激一下对方，并非激怒他，而是为了使他更加注意某种事实，关注我们的行为。这就是所谓的"红白脸"策略，又叫演双簧。白脸代表的是批评和强硬，红脸代表的是表扬与和气。

我们在使用"红白脸"策略时要注意，使用前应该进行仔细的策划和排练，唱白脸的人要使人望而生畏，感觉像是容易被激怒的人，性格中要带有雷厉风行、敢于进攻、言语有力的特征；而唱红脸的人要表现得非常圆滑，态度温和，装和事佬儿。

在谈判时，唱红脸的人和唱白脸的人要分清各自的责任。唱红脸的人一定要担当主谈人，而唱白脸的人则起到助手的作用，也就是说唱红脸的人总揽全局，掌握着让步分寸，唱白脸的人不能"抢戏"。

双方要分工明确，责任到位，合理地掌握唱红脸和唱白脸的时机。在表演白脸角色时，唱红脸的人要密切注意对方的反应，假如唱白脸的人出场后红脸没有及时附和，很容易让客户看出其中的破绽。

唱白脸的人不仅要善于进攻，而且说的话必须言之有理，讲究礼节，切不可变成胡搅蛮缠，使场面难以控制；唱红脸的人不能表现得过于软弱，要拿捏好分寸，在表现让步的同时不能过于妥协。

案例68　霍华德与代理扮演"红白脸"，对方忌惮霍华德强势而签单

美国航空工程师、企业家和电影导演霍华德·休斯是一个既怪异又天才的人物。他才华横溢，但桀骜不驯，几乎很难接受有人拒绝他的要求。

在他创办休斯飞机公司后，经常需要就一些业务问题与其他企业进行谈判。有一次，他亲自与一家飞机制造商洽谈，可费了半天劲，无论如何都谈不拢，最后他忍无可忍，一怒之下就带着谈判队伍离开了。

不过，他觉得对方的公司有合作的可能，仍然不死心，但一想到自己的暴脾气，担心自己去恐怕还是谈不拢，于是就找了一个代理替他谈判，那个代理就充当了"白脸"，结果首战告捷，霍华德十分惊喜。

原来这位代理在谈判过程中这样跟对方挑明了"底牌"："你们老是跟我这样拖也不是办法，我的老板会把我换下来的，而且他将亲自来跟你们谈，要知道他可并不好惹。"

对方早就和霍华德交过手，知道他并不好惹，一听说他还要再来谈判，赶紧在自己的底线范围之内接受了报价，双方很快便达成了协议。

"红白脸"策略有多种操作方式，目的在于引起对方的忧虑不安。除了两个人相互配合演双簧戏，场外行动也可以担当白脸角色。

谈判进程中的许多场外行动都可能引起双方的注意力，直接影响谈判桌上的形势，对谈判者起到刺激作用。比如，在谈判期间也和其他商家电话沟通；谈判时有其他客户前来，中断了谈判；抱怨谈判时间太长，超出了自己的日程安排，无法再继续等待下去；直接和其他客户交换资料……以上各种场外行动都会制造出紧迫感，让对方感到敏感。

不过，在实行场外行动策略时切不可故作声势，否则可能失去了真正的合作者，竹篮子打水一场空。在刺激对方的时候必须巧妙地使用技巧，表现出我们的真诚，让对方明白，我们不止这一种可能，但确实对对方很满意，希望能展开合作。

另外，在使用"红白脸"策略时要注意谈判的气氛，只有当谈判气氛因对方的死守不让而到了剑拔弩张的时候，运用此策略才能取得好的效果。

> **沟通技巧**
>
> "红白脸"策略的精髓在于让对方摸不清套路，打乱对方的谈判思路，并制造紧迫感。一松一紧之间，对方的心理落差非常大，就会逐渐失去对己方的压制，使己方获得谈判主动权，进而获取尽可能大的利益。不过，这种策略要在气氛紧张、对方死守不退让的时候才能使用。

四、发出"最后通牒"，让客户不得不就范

任何人都不喜欢压迫感，而最后通牒，往往极大地加剧了压迫感。

在与客户沟通时，一旦定下最后期限，客户就成了要做出决定的那一方，紧迫感随之而来，他的身旁被恐惧这个"怪兽"环伺，害怕失去交易，害怕失去利润和以后合作的机会，因此他别无选择，只好艰难地同意我们开出的成交条件。

如果我们没有定下最后期限，客户便拥有更多的可能性，他可以通过四处寻找其他客户来扩展交易，为自己添加筹码，一旦找到之后就会将我们踢出局。因此，我们会一直处于防卫协商的状态。

虽然最后期限可以帮助我们达成交易，但最后期限必须合理，毕竟没人喜欢紧迫感，如果定下的期限太短，客户可能会生气，认为这是在威胁他，而如果定下的期限太长，客户也难以果断地做出决定。

因此，我们应该根据协商的情形，综合考虑各方因素之后提出合理的最后期限，需要考虑的因素包括客户的人格、经验和能力等方面。通常情况下，客户的能力越强，经验越丰富，我们定下的最后期限就越短。

客户可能会质疑：你为什么提出最后期限？在听到质疑之后要及时给予合理的解释，比如"我还有别的事情要做，这件事情不能拖得太久"；客户可能会抱怨最后期限过于急促，我们可以询问客户这样说的原因，假如原因有理有据，让人信服，我们可以适当延长期限。

案例69 电子公司濒临破产，利用最后期限促成技术转让而起死回生

一家电子公司研制出一种新型集成电路，由于刚刚研制成功，其先进性还没有被广泛传播。不巧，公司因为经营不善，再加上研发成本很高，导致负债累累，如

果再没有资金流入账户，公司就会破产。也就是说，这种集成电路能否被赏识成为公司最后的希望。

幸运的是，另一家公司对这种集成电路非常感兴趣，因此派了三位代表与该公司洽谈技术转让事宜。

三位代表来到公司以后，不管是在谈判礼仪方面，还是在外在态度方面都表现出了非常大的合作诚意，但令公司万万没有想到的是，当谈判进入价格协商阶段时，对方提出的产品报价居然只有研发费用的 2/3！看来对方了解公司目前的处境，认为公司为了缓解资金困境会巴不得立刻成交。

这时电子公司领导人焦灼万分，经过讨论，他们决定置对方施加的压力于不顾，同时再通过拖延时间的方式反过来向对方施以重压。他们虽然信心不足，但并非一点儿信心都没有。因为这种新型集成电路的先进性很快就会被人们所知，而对方公司一定也非常了解这种情况。

因此，电子公司的谈判代表对对方说："我们想暂时中断谈判，等你们觉得自己真正有了合作的诚意之后，我们再坐下来认真商谈此事。"

这种情况出乎对方的意料，而且公司规定的谈判期限马上就要到了，因此在谈判结束后的当天下午，对方的谈判代表要求继续谈判，主动表示愿意在价格方面做出较大程度的妥协。

最后，新型集成电路的技术专利以一个双方都能接受的价格转让了，电子公司依靠这笔转让费起死回生。

通过最后期限向对方施压要注意两点：一是压力要足够强，让对方知道你的坚定决心；二是压力不能超过对方的忍耐力。

销售人员不仅要掌握向对方施加时间压力的方法，还要防止对方向自己施加时间压力。因此，销售人员在谈判时不要透露自己的谈判期限。如果对方知道你谈判的最终期限，那么他们一定会将主要问题拖延至最后一刻，在融洽的气氛下给你施加巨大的压力，逼迫你在最后一刻做出让步。

> **沟通技巧**
>
> 最后期限是堵住客户退路的那道墙，客户必须做出最后的决定，而且要尽快决定。在压迫感之下为了保住交易合作的可能性，不至于让获得利润的机会流走，客户有可能就匆匆签单。其实，最后的结果仍然是双赢。

五、欲擒故纵，用"不在乎"做面具使客户卸下防备

客户可能在紧要关头突然增强警惕心，本来就要达成的交易再次停滞不前，这

时销售人员可能会着急万分，从而做出催促客户成交的行为。但如果销售人员催促得太紧，客户只会更加警惕，甚至一怒之下拂袖而去。因此，高明的销售人员在这时就会用到欲擒故纵的方法。

比如，销售人员可以这样对客户说：

"王先生，这件艺术品价值不菲，我希望有品位、懂得欣赏它的人得到他，这件艺术珍品并不是随便一个人就能得到的。假如您不感兴趣，我也就不再勉强了……"

"刘总，商人之间的合作需要诚意，我想您不会否定我的话吧？这样吧，你们再相互商量一下，有什么问题可以随时联系我。"

另外，如果客户正在观摩房子、车子或者艺术品等需要长时间观察的产品时，销售人员可以在客户非常感兴趣且目不转睛的时候以一种合理的方式拿走产品，使客户产生一些失落感，但在采用这一类动作时要掌握好分寸，不要给客户留下蛮横无理的印象。

采用欲擒故纵的方法要符合一个前提条件，即销售双方还存在共识，而且销售人员掌握着主动权。

有些客户在做出决定时拖拖拉拉，优柔寡断，尽管有着很强的合作意向，或者对产品很感兴趣，可是迟迟无法做出决定。这时，销售人员不妨做出要告辞的样子，这种举动有时会促使对方下定决心。不过要注意的是，假如竞争比较激烈，销售人员切不可真的离开客户，就算离开了也要及时联系，否则就等于将客户拱手让人了。

经常追着客户签单，客户在心里就会认为产品与自己的预期有一定的差距，但在数量有限且很多人抢着购买的情况下，产品形象就在客户的心目中得到显著提升，客户心中的购买欲望也就随之增加。这个时候，销售人员的目的就达到了，这就是欲擒故纵法在销售中的妙用，它能够帮助客户尽快地下决定。

> **沟通技巧**
>
> 客户就算迟迟不做决定，销售人员也不要发力太猛，过分催促，没有人喜欢被支配。最好的做法是欲擒故纵，表现出自己无所谓的态度，这会让客户产生危机感，被销售人员的自信和气场震慑，从而做出妥协。

六、糊涂也是一种智慧，偶尔装糊涂会让对方乱了阵脚

难得糊涂是一种处世之道，也是一种智慧，糊涂只是一种表象，背后隐藏的是

第十章
坚守价格阵地，一锤定音敲定有利价格

清醒。

　　装糊涂需要高超的表演才能，主要是为了隐藏自己的真实意图。假如销售人员在与客户沟通时出现停滞不前的情况，便可以适当地装糊涂，打乱对方的节奏，使对方的如意算盘落空。

案例 70　日方对美方装糊涂，使其恼火后又主动出击，签订有利订单

　　日本某公司与美国某公司进行一次重大技术协作谈判。谈判一开始，美方首席代表便就技术数据和费用等谈判项目发言，侃侃而谈了几个小时，丝毫没有考虑日方谈判代表的反应。日方的谈判代表没有试图插话，而是认真倾听，仔细记录。

　　美方代表讲完之后征询日方代表的意见，但日方代表似乎已被美方代表咄咄逼人的气势慑服，状态非常不好，只会反反复复地说"我们不明白""我们没有做好准备""我们还没有准备好技术数据""等我们回去准备一下再说"。就这样，第一轮谈判稀里糊涂地落下帷幕。

　　第二轮谈判在几个月之后开始，日本公司或许是觉得上次的谈判团不合格，所以更换了所有的谈判代表，组成了新的谈判团。美方看到谈判代表是未曾见过的人，只好把第一轮谈判时讲的话又重新说了一遍。不料美方仍然只是得到日方准备不足的回答，日方再次以重新研究为名义结束了第二轮谈判。

　　第三轮谈判同前两次一样，也是不明不白地结束，美国公司的老板大为光火，认为日本人在耍他们，根本没有诚意做生意，于是下了最后通牒：假如日本公司在半年以后仍然表现得如此糟糕，两个公司之间从前的协议不再有效。随后，美国公司解散了谈判团，只等着半年以后再进行最后一轮谈判。

　　很快，日本公司从前几批谈判团中抽调重要人物，组成了新的谈判团，8天之后就飞抵美国，主动发起与美国公司的最后一轮谈判。

　　这大大出乎美国公司的意料，美方谈判代表只好仓促上阵。

　　这次谈判，日方不再像以前那样不在状态，而是在人员、资料、物品等一切有关事项甚至所有细节上都做了周密的谋划，并且制作了精美的协议书拟定稿。日方代表在阐述完自己的观点后，便将协议书拟定稿交给美方代表签字。

美方代表被日方代表的气势吓住了，在短时间内也没有找到协议书拟定稿里的漏洞，只得勉强签字。由于是日方代表拟定的协议，当然在协议里制订了对日方比较有利的条款。

在美日的谈判较量中，日方代表巧装糊涂，以聪明的谋略获得了胜利。作为一种谋略，装糊涂能在商场上取得出奇制胜的效果，让销售人员在关键时刻稳操胜券。

> **沟通技巧**
>
> 巧装糊涂，大智若愚，隐藏真实意图，就可以明修栈道，暗度陈仓。客户咄咄逼人时，销售人员不要与之硬碰，而可以适当装糊涂，软化对方的强硬态度，最后一击制胜。

七、多重报价，让客户把关注点放在选择上

所谓多重报价，就是指给客户提供多种选择方案，而不是只有一种。在与客户商谈价格问题时，如果销售人员直接报价，并且只有一种报价，客户不管报价高低都会本能地还价。假如报价从低到高给出三种方案，客户便会将注意力放在选择最好的方案上，从而忽略还价的想法。

客户可能会在内心里琢磨："第三种方案价格太高，第一种方案价格低，但价值不充分，看来还是第二种最合适"。

不过，销售人员不能把多重报价当成万金油，它并非万无一失。客户可能会提出一些对其有利的要求。比如用最低的报价买最高报价的方案，还要求分项列出单价。销售人员千万不要按照客户的要求做，因为这样就给了他逐项还价的机会。

客户喜欢第二种方案，但他可能会要求我们把这种方案的价格下调。客户的这一要求不是不能同意，但必须要客户做出交换。客户要么舍弃一些对他来说不太重要的项目，要么提供一些对销售人员有用的东西，比如将销售人员转介绍给其他客户。

销售人员要坚持谈判的原则，除非有交换，否则不轻易降价。轻易降价容易让客户觉得报价有很大水分，从而降低对销售人员的信任和尊重。如果能采用交换的方式，销售人员既不会损失利益，还能让客户更信任自己。

销售人员与客户是对立的两个阵营，尤其是在价格谈判时，双方都憋足了劲儿，想要获取自身最大的利益。多重报价则将销售人员与客户从对立的两方转化到同一阵营。客户面对多重选择方案时，会认为自己是在主动选择，而不是被动地与销售人员展开价格拉锯战，因此更容易与销售人员就谈判条款达成一致。

第十章
坚守价格阵地，一锤定音敲定有利价格

> **沟通技巧**
>
> 在价格谈判时，客户会本能地还价。为了避免客户拼命还价，销售人员可以提出多重报价，给客户三种以上的选择方案，使其关注点从还价转移到选择最合适方案上，从而使双方的对立立场模糊，能够尽快达成一致。

八、给自己留条后路，不要把价格定得太死

利润是销售价格与产品成本的差价，在成本不变的情况下，售价越高，利润也就越高。因此，销售人员都希望自己的产品能打开销路，受到客户的欢迎，并且以非常满意的价格售出。

不过，销售并非买与卖这么简单、纯粹，有时产品的销路打不开，为了吸引客户关注购买，有些销售人员报价很低，认为这样更容易促成交易。但结果并非如他们所想的那样，往往是赔了产品又折了利润。有的销售人员则用高报价来增加利润，不过报价高并不意味着产品就会以较高的价格成交。其实，价格的决定权并不在销售人员手里。销售人员总会遇到客户砍价的情形。因此，在火候未到的时候，销售人员不要把价格说死，要多给自己留些余地，留出还价的空间。

不管第一次报价如何诱人，客户都会希望获得更低的价格，所以销售人员一定不要把价格说死，要留有一定的降价空间，以避免陷于被动。

除此之外，销售人员要限制向客户降价的次数。通常来说，降价次数不要超过两次，并告诉客户不宜降价的原因，让客户打消继续讨价还价的念头。比如"我们直接和厂家订购，省去中间环节，节约了广告费和进场费用，所以说这个价格已经是最低价了。"

销售人员还要善于利用资源营造为客户着想的感觉，比如为客户赠送礼品，这样一来，尽管价格不能再降了，但客户也能知道销售人员是在尽力帮他获取最大的利益，从而获得客户的体谅。

总之，销售人员在刚开始时一定不能把价格定得太死，无论如何都要给接下来的讨价还价留有余地，否则销售工作就很难正常展开，销售成果更无从谈起了。

> **沟通技巧**
>
> 报价要适当灵活一些，给自己留条后路，因为不管价格多低，客户总会以价格过高为由议价，因此报价应适当高于成交价，才能在不影响利润的前提下满足客户的心理需求。同时，为了防止客户步步紧逼，销售人员要限制自己的降价次数，并用赠送礼物等方式化解客户的坚持。

九、做有条件的让步，以退为进求双赢

谈判是一种沟通，如果一拍即合自然皆大欢喜，但更多的是产生分歧，相互争论，这些都是谈判中的常态。为了使整个谈判活动有序进行，更为了使双方达成各自的目标，任何一方在遇到分歧时切不可随便爆发情绪或者固执己见。

这时让步便是其中一方必须做出的行动。让步无可厚非，但谈判高手永远不会无条件地让步。即使一方认为自己提出的条件不能获得对方认同，也要提出来。如果因为害怕对方拒绝而不敢提出条件，便是无条件的让步，只会让对方觉得你很懦弱，甚至得寸进尺。

在销售工作中，销售人员提出自己的条件以后，虽然因为客户不同意而做出让步，但客户还是嫌自己获利太少，坚持让要求再次做出让步。此时，销售人员必须坚守底线，不能在不该退让的时候做出让步，毕竟让步不是无条件的，更不是无休止的。

事实上让步并非不可，也不是因为心虚或者能力差才做出让步，最主要的是如何在让步时防止自己的利益受到损害，还不至于伤害自己的面子。其实在谈判活动中的让步就像是在战场上交换战俘，一个换一个。所以，当谈判陷入僵局时，销售人员要敢于提出条件，并以合理的方式让对方也做出让步。

案例 71　外国女孩抱怨连衣裙太贵，导购员同意买两件就降价

王媛青在大学的英语专业就读，在暑假时没有回家，而是来到二姨在北京的服装店帮忙。

有一天，店里来了两位外国女孩，都觉得某件连衣裙非常好看。尽管衣服上用阿拉伯数字标着价格，但其中一位女孩仍然用蹩脚的中文抱怨说看不太懂，要不就是说衣服太贵了，希望能便宜点。

刚开始，店里的另一名导购员接待了这两名外国女孩，但她们磨了好大一会儿都没有解决这件事情。正巧王媛青送走了自己的客户，于是主动走过去用英语和外国女孩打招呼。

王媛青问："你们是不是真的喜欢这件衣服？"两名外国女孩微笑着连连点头，但是要求便宜一点儿。王媛青说："可以便宜点儿，不过你们得买两件，这件衣服在之前从没有单独卖过这么低的价格。"

那两个外国女孩本来只想买一件，但听了王媛青的话，互相商量了一下，最终同意了王媛青的提议：买两件，一人一件。

让步是一种策略，当然不是在谈判场上临时想出来的，而是在谈判前就已经做

好了规划和准备。让步是双方共同的行为，而且应该幅度均等，循序渐进。一般来说，让步的幅度先大后小，这样就能给对方降价越来越困难的感觉。比如第一轮先降5%，第二轮降2%，但如果先降2%，再降5%，客户会感觉降价幅度有扩大的可能，下一步可能会要求再降10%。

让步不是随随便便就做出的决定，一定要谨慎，更要让对方感觉到让步是经过深思熟虑的权衡之后做出的，这会让对方体会到让步的不容易，更容易有满足感。天下没有免费的午餐，也没有毫无理由的让步。销售人员要培养自己的意识，认清每一个让步都有其目的性。

另外要注意一点，一旦涉及核心问题，即使对方做出让步，我们也坚决不能让步。对方很有可能通过自己的次要条款来交换我们在核心条款上的让步。对方的次要条款和我们的主要条款量级不同，一旦互相做出让步，就成本而言，我们做出的让步比对方大得多，十分不公平。

> **沟通技巧**
>
> 让步是经过深思熟虑的策略，如果在谈判时产生分歧，我们要根据实际情况做出让步，而且要以对方同样做出让步为条件，双方让步的幅度要相当，这样才能公平。为了让客户信服，销售人员要让客户感觉到被让步的艰难，以此来巩固客户对获得让步的满足感，进而加快达成交易的进程。

十、示弱并不是真弱，放弃坚持己见方能占据主动权

在与客户进行沟通时，很多销售人员为了占据主动权，每次都扮演着进攻者的角色，不断地说服客户认可产品或服务的品质，接受产品或服务的价格等。尽管销售目标很明确，而且其追求目标的勇气可嘉，但这种对客户进行单一的、进攻意图明显的说服并不一定能够获得良好的效果，不值得提倡。

销售人员与客户的沟通并非一条直线，而是一个圆。我们站在圆上的某一点，而目标在另一点，那么到达目标的途径只有往前走这一条吗？并非如此，只要转过身去，我们就会发现到达目标的另一条途径，甚至可能发现目标已经近在咫尺。

如果销售人员毫不妥协，坚持己见，进攻意味极强，就会让客户十分不满，不利于实现长期目标，因此适当利用示弱的方式也能起到出奇的效果。

在与客户沟通时，销售人员要尽量探清客户的底细，而自己的底细千万不要让客户知道，就算拥有十分有利的条件也不能轻易显露出来。适当示弱，把自己的某些弱点暴露出来让客户看到，可以麻痹客户，让客户满意。示弱的重要方式便是让步，

比如在保证利润的前提下做出价格方面的让步，或者根据双方的诉求提出解决问题的折中方式等。让步策略若能有效发挥作用，将有利于实现双赢，促进双方的长期合作。为此，销售人员在示弱时要按照以下方法来做。

1. 明确双方的双赢合作关系

销售人员与客户沟通的直接目的是为了以更好的价格出售更多的产品或服务，但如果只考虑自己的销售目标而不重视客户的实际接受程度，沟通便不会顺畅。因此，销售人员必须充分分析自己和客户的利益分配，在考虑自己利益最大化的同时兼顾客户的实际需求，在一些自己可以接受的问题上做出让步，双方的矛盾便更容易得到解决。

2. 选择有利的让步时机

销售人员不宜过早让步，而应在充分掌握客户信息并正确分析的前提下做出让步。一旦过早让步，客户的期望便会被抬高，其让步的可能性就降低了，说不准还会得寸进尺，迫使销售人员继续让步。

3. 掌握必要的让步技巧

在让步时，可以运用以下技巧。

（1）在最后关头让步。过早让步只会将自己置于极其被动的地位，让客户得寸进尺。

（2）先在细枝末节的小问题上让步。要有所取舍，用细枝末节的小利益做出让步，使客户感受到诚意，并使客户在关注这些细枝末节的利益的时候淡化其他问题，从而使其在关键问题上做出妥协。

（3）让客户感到你的艰难。向客户表明，自己做出这样的决定是非常无奈的，并可以通过请示领导等方式让客户感觉到，自己做出的让步已实属难得。比如，当客户提出降价要求时，即使如此降价也能获得不错的利润，也不要痛快地答应，而要通过抠牙缝似的退让来显示让步的艰难，从而降低客户过高的期望。

> **沟通技巧**
>
> 做销售当然希望以较高的价格出售产品，但若坚持己见，毫不退让，客户感受不到诚意，就会打消合作的欲望。因此，在销售中销售人员可以合理地做出让步，以达成与客户的双赢。

第十一章

让客户无法开口拒绝，用对方法卖什么都能成交

> 越是到了将要成交的阶段，销售人员就越害怕客户的异议，因为一旦又生枝节，之前的努力就可能全白费了。销售人员在这个阶段一定要沉着冷静，用各种方法消除客户的异议和疑惑，使客户无法把拒绝说出口。

一、心急吃不了热豆腐，找到客户的购买信号再出手

俗话说："心急吃不了热豆腐。"对销售人员来说，成交是一件令人激动的事情，但迈向成交阶段的步伐是急不得的，如果过度热情，过于主动，往往会适得其反，客户会因为你的过度热情而认为产品质量有问题，为了防止自己上当受骗，也就对你避而远之。

因此，销售人员一定要在发现客户的购买信号以后再推进成交。所谓购买信号，指客户在洽谈过程中表现出来的成交意向。

有利的成交机会往往稍纵即逝，一旦不注意就会错失良机，遗憾万分。不过成交机会并非无迹可寻，当客户产生购买欲望时就会不自觉地发出购买信号，可能客户自己也没有感觉到或者不太愿意承认被我们说服，但购买信号不会骗人，它直接反映了客户真实的想法。

购买信号有多种表现形式，如下图所示。

购买信号

- **表情信号**
  客户的表情真实反映其内心想法，比如客户的目光对产品关注还是分散，客户是面带微笑还是表情严肃等

- **语言信号**
  客户在言语中流露出来的对产品的看法，比如称赞产品的质量，挑剔产品的样式，询问交货时间和地点等

- **行为信号**
  客户通过行为举止无意流露出来的购买信号，比如不断触摸产品，对着产品点头，拍拍销售人员的肩膀等

一般情况下，购买信号复杂多变，以上几种购买信号往往会交织在一起出现，主要的表现有以下几种。

（1）当销售人员将有关产品的细节和交易条件阐述清楚之后，客户表情严肃、认真，将交易条件与竞争对手的条件做对比，这就说明客户有着很强的购买意向。

（2）坚持砍价是一种非常有利的信号，每一位有购买欲的客户几乎都会要求在价格上有所优惠。销售人员不能轻易让步，首先要明确客户是否确定想买而又存在支付上的困难。假如并非如此，让步只会让客户变本加厉，得寸进尺。销售人员可

第十一章
让客户无法开口拒绝，用对方法卖什么都能成交

以询问客户购买的数量，然后根据数量来考虑价格与折扣。这会让客户觉得销售人员是在认真考虑这件事，而且头脑非常灵活，自己很有可能获得比较好的折扣。

（3）客户要求详细说明使用方法、注意事项以及保修等售后服务。销售人员一定要耐心解答，并诱导对方提问，从而打消客户的顾虑，使其迅速做出决定。哪怕客户三番五次地就同一个问题询问，销售人员也不能急躁，而是要耐心地回答，使客户最终了解清楚。

（4）客户会抱怨其他公司的同类产品。这是成交的好机会，但销售人员切不可过分附和客户，更不能主动批评或者诋毁其他公司及其产品，只要重点强调自己产品的优点即可。

（5）客户改变了对待销售人员的态度，由之前的不冷不热、爱答不理转变为热情接待、喜笑颜开，态度明显好转。这说明客户对销售人员产生了足够的信任，愿意听取其建议。这时销售人员就可以提出交易条件，询问客户的购买意向了。

（6）客户出现反常行为，尤其是当客户犹豫不决时，往往会以不同的行为表现出来，销售人员要善于发现、捕捉客户的这些行为。比如，突然换一种坐姿；下意识地摆弄钢笔、手表等；沉默不语时，眼睛一刻不停地盯着产品的说明书、样品；与销售人员的空间距离缩短；询问同行人的意见。

其实，要想发现客户的购买信号，销售人员就需要与客户进行充分的沟通，无论是向客户介绍产品还是报价，都要对客户的心理需求做出正确的判断，在客户发出明确的购买信号后，用一个恰当的流程完成面向客户的销售工作，从而达成交易。

案例72　销售人员先用产品优势征服客户，再谈价格时异常轻松

某服装品牌公司刚刚成功设计一款西服，该西服上市不久，服装品牌销售人员贾胜辉就去服装商场推荐这款西服。

一位店老板只看了一眼就问道："这一套西服多少钱？"

贾胜辉笑了笑说："价格的确很重要，但西服穿在消费者身上，重要的是他们能否穿得舒适，西服的样式能否入他们的眼。"说着，他转移话题，开始与这位店老板就这款西服的样式、颜色和质地展开了一番探讨。

贾胜辉大概说了半个小时，店老板听完以后对这一款西服非常满意，决定先批发20套进行试卖："假如卖得好，我再从你们那儿进货。"这时，贾胜辉报出了价格："一套西服1200元。"

客户沟通学
这样说客户才愿意听

店老板望着西服，嘟囔着说道："我觉得有点儿贵啊。"

贾胜辉微笑着说道："我刚才已经向您详细讲述了这款西服的情况，它的质地非常好，款式新颖，是我们公司在经过大量市场调研之后做出的符合消费者需求的独特设计，尤其符合白领上班族的穿着需要，因此商场定价少说也在2000元，您的利润空间大得很！"

店老板听了连连点头，同意他的说法，很快就和他达成了进货协议。过了一段时间，这款西服的销量果然不错，这位店老板便又打电话给贾胜辉，又批发了100套。

假如贾胜辉一开始就透露价格，在之后介绍西服样式、质地的过程中，店老板就会找出多种理由向下压价，贾胜辉就会相当被动，被店老板牵着鼻子走。

因此，销售人员在没有发现客户的购买信号之前不要急着向客户销售产品，你越是着急，客户反而产生偏不买的逆反心理。而且一旦在客户产生强烈的购买兴趣之前就透露价格，客户只要发现产品的某点不足就会想方设法地砍价，使销售人员处于被动地位。

> **沟通技巧**
>
> 俗话说"上赶着不是买卖"，在客户还没有表现出强烈的购买意向时就透露价格，不利于最后的成交。购买信号是促成销售的一大有利线索，当客户通过言语、行为或者表情透露自己的购买意向时，销售人员应该善于把握机会，迅速出击，用合理的价格与客户达成一致。

二、让客户"证明"自己有资格买产品，飙升客户的占有欲

钻石和鹅卵石相比，人们更喜欢钻石，就是因为钻石非常不容易得到，来之不易。越是来之不易的东西就越具有诱惑力，说到底，这反映了人类本性。

销售人员可以通过合理利用人类的这种本性来促成交易。这时，销售人员不要问客户"您想买吗？"而要询问客户是否有资格和条件购买产品。只要合理运用这种方法，客户就会忘记自己正在做一项购买决定，他们满脑子正在想的是自己是否有资格买这件产品。

人们总想得到那些不大容易得到的东西。获得的困难度越高，人们想得到的欲望就越强烈。销售人员在运用这一方法时可以参照下面的做法。

汽车推销员可以这样对客户说："先生，看您的经济状况不是很好，我觉得您还是考虑一下那些稍便宜的车型，您应该不会买最新款的车吧。"客户会感觉自己的经济能力受到挑战，会偏要买一辆稍贵一些的车来证明自己的经济实力。

家具销售人员可以这样对客户说:"先生,由于我们公司在本市只需要一家经销店,因此,我们只跟那些实力雄厚且信誉良好的经销商合作。由于我对您的店了解还不深,我不敢确定您的商店是否合适。"客户感觉自己受到了信誉和实力上的低估,会偏要证明自己绝对拥有与销售人员的公司合作的实力和资格。

艺术品交易商可以这样对客户说:"这幅油画非常稀有,原属于一位非常高贵的收藏家。收藏家只希望看到这幅油画被那些认真对待油画艺术的人收藏。也就是说,如果客户对油画不是很感兴趣,我是不会卖给他的。有的人在买油画作品时,出的价钱很高,但他们不是懂行的,只是附庸风雅,这样的名作落到他们手上岂不是浪费资源,对名作玷污?我觉得只有那些具有高品位、真正热爱艺术的人才有资格拥有这幅高质量的油画。"客户在这时就必须证明自己在欣赏油画方面的教养和素质。

房产代理人可以这样对客户说:"这套房子对您来说可能大了点,所以价格也更贵,我可以带您去看一些较小户型的房子,那样价格能低一些,您能更满意。"房产代理人巧妙地向客户提出挑战,客户会有可能觉得要捍卫自己的面子。

销售人员的策略应该是迫使客户证明自己有资格和能力成为产品拥有者,这种技巧激发了客户贪婪的占有欲和自私心理。

> **沟通技巧**
>
> 越不容易得到的物品,越容易获得人们的青睐。销售人员可以利用人们的这种心理,让客户觉得自己的经济实力或者尊严受到挑战,决心购买产品来推翻销售人员的判断,这就是客户的占有欲被激发出来的表现。

三、假设已经成交,客户没理由不成交

假设成交法就是假定客户已经做出了成交决定,销售人员调整沟通方式,进而影响客户真正做出购买决定。

一般来说,客户做出购买决定后,其关注点会转移到成交之后的细节上,比如送货、安装、售后、他人评价等。不仅如此,客户还会寻找能够支撑自己决策的证据,排斥其他不利的证据。客户搜集的有利证据越多,他就会越发急切地想要购买这件产品。

因此,销售人员要引导客户做出购买行为,并让客户想象购买之后的使用场景,从而巩固客户想要拥有产品的坚定信心。

假设成交法并不复杂，但是要想用得好，必须做好铺垫，不能直接就用。只有确保客户对产品有了足够的了解，这种方法才能生效。

案例 73　不占优势的业务员帮助客户看店，客户决定与其公司合作

某大企业要在广州地区开发一个重要的客户，但竞争对手非常多，很多有优势的公司都派出了业务员争夺客户。

该企业的业务员口才不是很好，而且公司开出的优惠条件远不及其他公司。因此，其他公司的业务员都没有将其视为竞争对手。

然而，口才不好的业务员与其他业务员不同，他在阐述合作模式和合作利益之后就开始忙碌着到店里面干活。

当其他企业的业务员待在宾馆悠闲地听歌时，这位口才不好的业务员已经将自己的住处搬到了距离客户店铺不远的地方，免费为客户看店。当其他公司的业务员还处在美梦之中时，这位口才不好的业务员已经和店主忙里忙外。

因此，这位重要客户最终放弃了那些优惠的合作方案，选择与口才不好的业务员所在的公司开展合作。

其他公司的业务员非常不解，为什么我们公司开出的合作条件那么具有诱惑力，这位客户偏偏选择了那个合作条件非常差的公司？

其实，这位业务员正是利用假设成交法吸引了客户。虽然对方还没有事实上成为他的客户，但是他却像服务自己的客户一样去做事情。客户在他身上看到了非常好的合作前景，业务员都能如此敬业，其所在的公司一定是负责任、有人情味的企业了。

尽管这个案例中的业务员并不是让客户做出购买后阶段的行为，但他本人的行为也让客户看到了做出购买决定之后的场景，效果同样十分出奇。对于销售人员来说，采用假设成交法，像服务你的客户一样去对待他们，在假设客户愿意成交的前提下进行说服，这种态度对于客户做出购买决定有着积极的影响。

> **沟通技巧**
>
> 假设成交法是运用社会心理学"态度决定行为，行为影响态度"原则的一种销售方式。销售人员要先设想客户在做出购买决定之后会表现出什么行为和心理状态，然后引导客户做出对应的行为，并激发客户想象使用产品的场景，刺激客户真正做出购买决定。

四、避重就轻成交法，从侧身出击解开成交死结

成交阶段并非一帆风顺，销售人员的任何一个失误都可能导致之前的努力全然白费。在与客户商谈时，双方很有可能围绕着核心交易条款展开激烈争论，各执一词，都要尽可能为自己争取更多的利益。

核心交易条款是商谈的焦点，如果在此不能达成一致，非常容易导致商谈失败。这时销售人员可以采用避重就轻成交法，先在周边问题上与客户取得一致意见，然后循序渐进地影响和引导客户最终完成交易。

销售人员在商谈遇到阻力时采用这种方法，可以很有效地突破阻力，促使客户下定决心签单。

案例74 推销员绕开产品问题，转谈其他事项最终签单

碎纸机由于能够帮助公司销毁文件，有极强的保密性，因而受到众多公司的喜爱。一家办公用品公司的推销员在得知某公司的办公室缺少碎纸机后前去推销产品。

推销员简短地向办公室主任介绍了碎纸机的产品性能，然后又让办公室主任尝试使用样机。

办公室主任摆弄着样机，自言自语地说："碎纸机用途还是挺大的，你介绍的这个产品性能不错，不过我们办公室年轻人居多，大多毛手毛脚，只怕没用两天就坏了。"

推销人员立刻说道："要不这样吧，等明天我把货运到这里的时候，我花点儿时间把碎纸机的使用方法和注意事项介绍一下。这是我的名片。假如使用过程中出现什么故障，请随时和我联系，我们负责上门维修。主任，要是没有其他问题，咱们这就定下来吧？"

办公室主任听了这话，思索了一下，觉得没什么问题，便点了点头，当即与推销人员签下订单，并建议推销人员尽快把产品送来。

这个案例中的推销人员巧妙地使用了避重就轻成交法。本来客户担心的是办公室的年轻人容易把产品弄坏，这其中就隐藏了一丝拒绝购买的意味，而推销人员把话题转移到碎纸机的使用方法、注意事项以及维修服务方面，从而潜移默化地将客户的疑虑消除，促使客户下定购买的决心。

经验丰富的销售人员在交易额较大或者双方意见分歧较大时，往往先在配件、小批量交易或者交易的次要因素，如样式、支付方式、维修保养服务等方面与客户协商一致，只要达成了一致意见，客户就会将一致意见延伸到签单购买的决定上。

任何销售手段都需要一定的使用情境，所以要想运用避重就轻成交法促成订单，

还需要了解该方法的适用情境。

一般而言，以下几种情境中比较适合采用避重就轻成交法促成订单。

（1）当交易数量或者数额较大时。交易数额越大，意味着客户支付得越多，客户的内心会形成一股无形的压力，害怕风险到来，比较容易形成交易心理障碍。这时采用避重就轻成交法可以帮助客户减轻心理压力，促使他们下决心签单成交。

（2）当双方分歧较大或对主要交易条款有不同意见时。此时采用避重就轻成交法能够避免出现争论，以防止成交阶段的商谈氛围遭到破坏。

（3）当交易过程复杂时。交易过程一旦复杂化，会涉及较多的人员和部门，交易时间也会变长。这时销售人员不要企图一步到位，可以先在简单的方面达成一致，然后逐步地向成交靠拢，最后在复杂的交易上面达成一致。采取避重就轻成交法往往能够使复杂的交易过程变得简单。

（4）当客户无法迅速就所有的交易要素做出决定时，采取避重就轻法往往能够促使客户下决心签单购买。

（5）当大宗贸易几乎看不到成交的希望时，采用避重就轻成交法可以避免交易完全落空，获得一小部分订单也是不错的。

（6）当交易要素很多时，如大型设备、大宗货物，对货品、型号、款式、价格、批量、交货、付款、售后服务、技术支持、配件和动力、维修等各个交易要素都要达成一致往往比较困难，采用避重就轻成交法可以逐步地达成协议，为最终成交做好必要的铺垫，使签单水到渠成。

当然，避重就轻成交法是一种心理学方法，销售人员一定要研究客户的心理，在交易过程中对客户施加影响和积极引导，并且注意不要东拉西扯。避重就轻的"轻"虽然重要性不及主要问题，但也是客户关心的、有关交易的要素，胡乱说话很容易招致客户反感。

总之，在商谈遇到阻碍时，要想促成订单，销售人员需要合理运用此项成交手段突破障碍。因此，在销售过程中销售人员应对这一技巧加以深刻领会，并熟练掌握和运用，以为自己争取到更多的订单。

> **沟通技巧**
>
> 在销售过程中，避重就轻成交法是销售人员遇到成交障碍时，暂时绕过障碍，先就次要问题达成一致，最终促成大交易的技巧。在运用这种技巧时，销售人员需要掌握客户心理，并保持时刻谈论与商品有关的问题，切不可东拉西扯。

五、利用比较，突出产品的与众不同

俗话说"不怕不识货，就怕货比货"。在消费、采购或交易过程中进行多家比较或性价对比是非常有必要的。

一般来说，客户买东西时有一个心理价位，这个价位就是建立在比较之上的。俗话说"货比三家不吃亏"，客户通过货比三家对产品的性价比产生一个大概的区间范围，只要价格达到自己的期望，客户就会产生购买欲望，如果性价比远高于预期，客户就容易产生消费冲动。

一般而言，精明的客户都善于比较，销售人员不要害怕客户比较，而是要运用合理的方式引导客户比较。通过比较，销售人员可以将自己的产品价值突显出来，增强客户对产品的信心，然后使其不知不觉地接受推荐建议。

那么，销售人员要如何正确运用比较原理呢？要想做比较，肯定离不开对竞争对手的分析，销售人员千万不要盲目比较，一定要找到客户购买的关键因素，符合客户最重要的价值观。

引导客户进行比较时，可以采用以下方法。

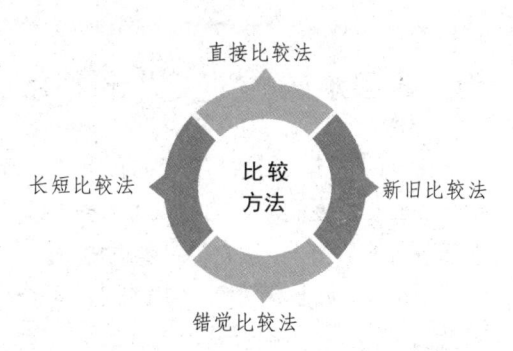

比较方法：直接比较法、新旧比较法、错觉比较法、长短比较法

1. 直接比较法

假如销售人员已经十分确定自己的产品能够在各项技术指标和经济指标上优于竞争对手，便可以拿产品的技术与经济指标与竞争对手的产品进行直接对比。这种比较的方法真实、自然，能够充分展现出销售人员的自信。

2. 新旧比较法

这种方法是将推销的新产品与竞争对手的类似旧产品进行比较，诱导客户忽视竞争对手的优势，而重视自己产品的优良性能、先进功能。

3. 错觉比较法

错觉比较是一种潜意识说服，利用客户潜意识的错误判断所产生的错觉进行对比，从而引导客户做出购买决定。

错觉比较法非常适合使用数字，比如，说服他人购买1000元的保险，可以这样说："投保一年付1000块钱，而一年有365天，一天投保不到3块钱，先生，喝杯饮料都要10块钱，一天只要花1/3杯饮料的价钱就可以获得不错的保障了。"

4. 长短比较法

简单来说，这种方法是将自己产品的长处与竞争对手产品的短处相对比，通过比较在客户头脑中建立优势的印象，坚定其购买的决心。

> **沟通技巧**
>
> 客户喜欢比较，这并非坏事。销售人员不要害怕客户进行比较，而要主动引导客户将自己的产品与竞争对手的产品进行比较。只有比较，才能更加突显产品的特性和优势。只要销售人员确定自己的产品拥有优势，就可以运用多种方法进行比较，加深客户对产品的良好印象。

六、收回承诺，"吃定"价格敏感的客户

优秀的销售人员通常是心理战高手，能够洞悉人的弱点并加以利用，为自己的销售工作提供便利。人的弱点有很多，比如得不到的都觉得是最好的，很容易得到的都不怎么珍惜。销售人员可以运用"收回承诺策略"，利用这个人性弱点增加利益。

所谓"收回承诺策略"，指的是原本答应了客户以某个价格出售产品，但不久之后就后悔，又把价格提升上去。

"收回承诺策略"一般用在价格敏感型客户身上。价格敏感型客户往往坚持砍价，其砍价的固执程度让销售人员都甘拜下风，而该策略却能使客户最终接受涨价之后的价格，并且还会以为自己占了便宜。

案例 75　销售人员以经理不同意为幌子改变价格，使客户匆忙决定成交

王章林是一家礼品公司的销售人员，一位在商场开礼品店的客户前来与其商谈订单事宜。虽然这些礼品的价格非常便宜，但由于客流量大，购买的人次多，薄利多销，店铺的盈利还是很好的。

刚开始时，王章林给客户的报价是每个 3.6 元，客户认为价格有些贵，砍价到 3.5 元。双方展开了价格拉锯战，反复地谈了很长时间，最后王章林表示："3.55 元，真的不能再低了。"

客户在心里琢磨：他能从 3.6 元降到 3.55 元，看来我再坚持一下就能压到 3.52 元了。

第十一章
让客户无法开口拒绝，用对方法卖什么都能成交

于是，他对王章林说："现在市场竞争这么激烈，你们公司的礼品到处都是，生意也不好做，按说我也不能贪得无厌。这样吧，咱们都痛快一点儿，每个 3.52 元，咱们都让一步，不要再浪费时间了。剩下的时间你可以再成几个单子了。怎么样？我是真心诚意地向你提出建议，你怎么看？"

王章林心里想：我要是同意他的这个报价，下一轮的砍价估计还得出现，谁知道他是不是在试探我呢？

王章林见多识广，经历过很多交易，他很快就找到了应对之道。他并没有立刻答应客户的报价，而是对客户说："很抱歉，我不能马上答应你的这个报价，我不能擅自做出决定，需要问一问经理，经过他的批示才能最终决定。"说完他就走进了经理办公室。

王章林很快就出来了，脸上露出一副很为难的表情："真是太抱歉了，我没有对这种产品做最充分的了解，经理说，这种产品采用了最新工艺，所以成本比之前要高一些，我刚才说的 3.55 元是之前的价格，现在这种产品的单价最低也要 3.65 元了。非常对不起，由于我的疏忽，造成了这么大的一个错误。"

"怎么会这样？行了，你也别道歉了，道歉有什么用？说了这么多，浪费这么长时间，你说怎么办吧？我不管什么新工艺旧工艺，总之就按你刚才说的价钱，每个 3.6 元，不能在价格方面再说太多了，以后咱们合作的机会还多着呢！这样吧，明天咱们就立刻把协议签了。"客户生气地说道。

王章林为难地思索了一会儿，最后无可奈何地摇摇头，答应了客户的要求。客户则自以为跟王章林打了一场漂亮的"攻坚战"，于是交了定金以后便不动声色地离开了。

其实，尽管这批小礼品采用了新工艺，但新工艺不仅没有增加成本，反而降低了生产成本，提升了产品的合格率。

在这次交易中，王章林采用的就是"收回承诺策略"。这个策略让客户误以为自己是这场交易中的赢家，事实上王章林才是这场交易的最终胜利者。

"收回承诺策略"起到的效果是为客户营造一种紧迫感，让客户产生不尽快把产品买下来就会吃亏的想法。当然，"收回承诺策略"在销售中有很多种表现形式，比如"提出更多要求""故意冷淡"和"虚张声势"等。

> **沟通技巧**
>
> 为客户制造紧迫感是激发客户占有欲和购买冲动的有效手段。客户在与销售人员激烈争论价格时，内心坚持能够议价成功的想法，这时销售人员可以采用"收回承诺策略"给客户一个回马枪，使其猝不及防，在患得患失的情况下匆忙做出购买决定。

七、反客为主，巧妙反驳引导客户改变主意

有时候，虽然销售人员了解了客户的真实需求，但碰巧自己无法满足，这时稍微一不注意就会引起客户的不快，导致成交失败。要想扭转这种不利局面，销售人员可以巧妙地反驳客户的要求，引导客户改变主意，最终促使他下决心签单购买产品。

案例 76 银色冰箱缺货，导购员反客为主，成功说服客户购买白色冰箱

王兆萌在一家商场的家电城做导购员，一天，有一位客户前来挑选冰箱。客户对冰箱的颜色有着特殊的要求，问道："你们这里有银色的电冰箱吗？"王兆萌马上意识到自己所销售的冰箱中并没有这一款。

她没有立刻回答客户的问题，她必须赶快想出一个合理的对策。一旦她直接回答"没有"，客户可能直接就扭头走了。

王兆萌很快就想出了一个办法，她反问客户："不好意思，这里不卖银色的冰箱。不过，您可以挑选其他颜色的冰箱，这里有好多种颜色供您挑选，有白色的、棕色的、粉红色的。在这几种颜色里，您比较喜欢哪一种呢？"

客户仍然固执地说道："我就想要银色的！"

王兆萌说："这三种颜色的冰箱都很不错的。您可以先选一种试试看，您肯定会看得出它们的好处的。"

客户说："我就想要银色的。我为什么要选其他颜色的？"

王兆萌说："选了绝对不会有错，不信您先试一试。这里边一定有某种冰箱是符合您的需求的。"

于是，客户不再推托，跟着王兆萌去挑选冰箱。王兆萌带着客户一边挑选冰箱，一边向客户逐一介绍各种颜色的冰箱的特点，并向客户提供了冰箱和家具相搭配的建议。

在挑选冰箱的过程中，客户开始对白色冰箱产生了一些兴趣。王兆萌趁机说服客户购买白色的冰箱，并向他介绍色调搭配的简单知识。她对客户说："对冰箱来说，白色是一个非常合适的颜色。白色是冷色系，让人有一种清凉和平静的感觉，使用这样的冰箱能够给自己带来更好的心情。"

客户听了以后觉得挺有道理，便让王兆萌帮他选择了一款白色冰箱。

案例中的王兆萌没有直接回答客户的问题，而是采用反问式的回答，慢慢引开了客户的注意力，最终引导客户购买了产品，达成了似乎不太可能成功的交易。

在利用反客为主的技巧促成订单时，需要注意以下两点。

1. 态度要真诚

实际上，反客为主是对客户的一种否定，是为了让客户改变主意听取自己的建议。因此，销售人员在说话时必须真诚，让客户感觉你的反驳是为了他考虑，而不是为了否定他，也不是单纯为了向他推销产品，否则不真诚的态度再加上否定的言语，无疑会伤害客户的自尊，导致客户不满而扬长而去。

2. 尊重客户意见，与之耐心交流

想让客户改变主意，客户自然会经过犹豫和考虑，很有可能会提出自己的不同看法，销售人员一定要尊重客户的意见，耐心与之交流，不能强行要求客户改变主意，否则不仅无法达到成交的目的，还有可能给公司带来负面影响。

> **沟通技巧**
>
> 在销售过程中，销售人员可能会遇到无法满足客户某一方面需求的情况，如果能够灵活运用反客为主的方法，则可能争取到一些看起来不可能的订单。在运用这一技巧时，销售人员一定要态度真诚，耐心说服，尊重客户的意见。

八、让客户"二选一"，别让客户拿不定主意

在与客户沟通时，销售人员当然希望客户顺着自己的思路和想法展开行动，直到做出购买决定。但假如客户犹豫不决，而销售人员把自己的意愿强加给他，肯定会引起客户的反感和拒绝。

这时，销售人员要在准确了解客户需求的基础上设计出两个选项，让客户做出选择。这就是所谓的"二选一"原则。

营销界有一个典型的"二选一"的故事。

有两个面馆相邻，不论是店的档次还是面条的价位都差不多，但奇怪的是，第二家面馆的营业额总是比第一家高很多。后来，一位营销学老师点出了问题的关键。原来是他们两家的沟通话术不同，第二家巧妙运用了"二选一"话术，这才让食客消费更多。

第一家面馆的服务员一般会这样问客户：您要不要加鸡蛋？

第二家面馆的服务员这样问客户：您是加一个鸡蛋还是两个？

这就产生了不一样的结果，绝大多数的客户在第二家面馆吃面时会选择加一个鸡蛋，而只有很少的人在第一家选择加鸡蛋。

在销售活动中，不管是与客户交谈还是与合作伙伴沟通，销售人员合理利用"二

选一"技巧会对结果产生有利影响。

在接到"二选一"的问题之后，绝大部分客户都会在这两个选项之中选择一个，这时，其思维方向已经被销售人员所主导。无论客户回答哪一个选项，销售人员都已经掌握了主动权，引导着销售活动的下一步发展。

经验丰富的销售人员一般都熟练掌握了这一沟通技巧，将客户的思维引导进入自己的思维中，而且绝大多数情况都能成功。

比如："只要您购买这款电冰箱，我们就送电饭煲或是豆浆机，您要电饭煲还是豆浆机？"

"您喜欢白色的还是蓝色的？"

"公司的师傅是明天过来安装还是周末安装？"

"您用现金支付还是刷卡支付？"

"您要买这一款还是那一款？"

到达促进成交阶段时，销售人员千万不能因为激动和焦急而说出"你要不要买"这样的话，这种话不是对客户的引导，而是催促，遭到客户拒绝的可能性很大。

"二选一"法虽然效果很好，但并非适用于任何场合，而要在适当的时间使用，通常是在客户犹豫不决时用来促进成交。

不仅如此，销售人员不能在客户没有足够了解和信任自己的情况下使用"二选一"法，盲目地使用这一技巧只会适得其反。在使用"二选一"法时，销售人员一定要注意语气和态度，不要造成对方的紧张和退缩，要让客户在轻松愉悦的状态下做选择。

沟通技巧

假如客户犹豫不决，拿不定主意，销售人员可以合理运用"二选一"法，为客户提供两种选择。"二选一"的限定会在潜意识中影响客户的决策，使其不管选择哪一种方案都能达到销售人员的目的。

九、成交阶段要镇定，别因为慌神功亏一篑

当成交的希望就在眼前时，销售人员的内心肯定非常激动，往往会表现出很多不利于成交的状态。

1. 慌张

假如销售人员表现出慌张的神情，客户会感到不安而再次犹豫，他们会在内心

里思考："这个人大概是个新手，几乎没有找到过什么客户吧，看他激动的样子，我还是再考虑考虑吧，免得有麻烦。"客户或者会这样想："这个销售人员怎么这么慌张，难道他卖的产品有什么缺陷，想急等着出售脱手？"

客户一旦有了上述犹豫的想法，即使不说出来，也会找一些其他的理由来拒绝销售人员的成交请求。

不仅如此，销售人员在过于慌张的时候难以用冷静的态度思考下一步的进行方式，会使很多细节考虑不周到，影响最后合同的签订。所以，在成交阶段，不管客户是否对产品满意，销售人员都必须保持冷静，不能过于慌张。

2．不够耐心

不够耐心的人是很难做好销售工作的，真正成功的销售人员往往是有十足耐心的。因为销售人员越是着急，越是不耐心，就越容易显得底气不足，让客户本来坚定的心又变得摇摆不定。

3．过于兴奋

和过于慌张一样，如果销售人员太过于兴奋也会很容易疏忽合约的内容，在最后签订合约的准备方面会有所欠缺。双方会在最后针对合约内容进行协商，如果这时销售人员内心澎湃不已，难以安心，一旦客户提出修正要求而没有仔细考虑，就会造成签约上的疏忽，从而酿成大错，影响公司的利益。

4．盲目地节省时间

成交阶段是销售的关键阶段，销售人员不能有半点马虎，不能认为即将签单就随意应付客户。

有的销售人员认为，反正已经决定签单了，不如节省时间去见下一个客户。有这种想法的销售人员会节省他们认为需要节省的时间，比如加快与客户之间的交谈，对有意向签单的客户，他们会急于与客户签单。这样会给客户留下极为恶劣的印象，即使已经决定购买产品，他们也会改变主意而推托拒绝。

5．急于降价

到了成交的最后阶段，客户已经决定购买，这时其降价请求只是一种侥幸心理，不会因为不降价而改变主意。这时销售人员如果急于同意降价，就会给客户一种不安全感，让客户觉得已经议定的价格水分太高，从而产生不满足感，影响成交进度。

即将进入成交阶段之际，销售人员一定要从容自若，有条不紊，不可慌张，神情自然地把订单拿出来，请客户检查一遍，熟练地将签名位置指给客户，说："如果您同意我们刚才谈的，请把名字写在这里。"这一切都要让客户觉得销售人员在这一方面已经非常熟练，肯定经常拿到订单。

不仅如此，销售人员在这时也不要啰唆，没完没了地继续推荐产品或恭维客户，而要对客户说："该讲的我都讲完了，您考虑清楚购买的好处再做决定。"然后以饱满的自信态度保持沉默，这样既可以显示出对产品的信心，还能留给客户思考的空间，让他觉得自己有主动权，更容易做出肯定的答复。

除了成交之前的阶段，在成交之后也不能表现得过于激动，有些销售人员在成交后会情不自禁地对客户说一声"谢谢"，表现出一副感激不尽的样子。对客户说"谢谢"是一个巨大的错误，这会让客户认为他帮了大忙，而产品质量很有可能并不好。

要知道，真正喜欢产品的客户在购买产品之后还会对销售人员满心欢喜地说一声"谢谢"，因为这来自你耐心周到的服务以及物超所值的产品。

对于成交的客人说"谢谢"是绝对的错误，是对自身产品的不自信，会引发客人不好的联想。销售人员应该对客户说一些赞美的话，祝贺他买到了这么好的产品。

> **沟通技巧**
>
> 镇定其实是一种自信的表现，销售人员不能因为即将成交就手舞足蹈，神采飞扬，这只会让客户后悔自己的决定。一个太看重最后成交结果的销售人员，会让客户觉得他只是为了成交而商谈，并没有把客户放在心上。而且销售人员过于激动、慌张和兴奋，就容易忽略细节，影响合同的签订。

十、谨防"隐形杀手"，通过注重细节锁定更多客户

人们常说："细节决定成败。"可是细节往往又最容易被人忽视。生活中不注重细节，少不了被他人看轻，而在销售中不注重细节，则可能使积累的销售可能性一瞬间化为泡影。

美国服装销售冠军凯比特认为，销售人员在销售活动中要注意观察细节，采取积极主动的态度，这样才能够掌握销售的主动权，轻轻松松让客户买单。有的时候，对一些小细节的用心可能还会带来意想不到的客户和订单。

案例77 凯比特为陌生女士提供热心服务，一年后该女士成为他的客户

风雨交加，这个下午被恶劣的天气裹挟，凯比特服装店的客户少了很多。这时一位衣着普通的女士闯进服装店，她的手上有一把被大风吹坏的雨伞。这位女士带着请求的神色问道："我的雨伞被大风刮坏了，我能不能在这里避一下雨？"

前台接待员为难地说道："实在不好意思，我们这里是服装销售店，衣架上摆放

第十一章
让客户无法开口拒绝，用对方法卖什么都能成交

的都是高档衣服，您的雨伞恐怕会弄湿衣服。"

女士的脸上露出非常焦急的神情，恳求道："我不乱动，就在这待着，等雨稍微小一点儿了我就离开，您看行吗？"

凯比特来到这位女士跟前，注意到女士焦急的神色，于是微笑着对她说："不用着急，您就在这里放心避雨吧。"这位女士流露出感激的神情，不住地对凯比特道谢。

由于店里没有什么客户，于是凯比特与这位女士开始聊天，还为她倒了一杯热牛奶，并帮她修好了雨伞。外面的雨不知不觉间小了很多，这位女士拿着被修好的雨伞万分感激地离开了服装销售店。

凯比特很快就忘记了这件事，直到一年之后的一个中午，凯比特看到一对情侣高高兴兴地走进服装销售店，其中那位女士手挽着男子，就好像是主动拉着他来的。女士见到凯比特后主动与他打起招呼来："您好，您还记得我吗？"

原来，这名女士就是一年前在凯比特的店里避雨的那个女人。凯比特回想起来之后连忙应声答道："您好，好久不见，您最近可好？"

双方相互谈论了一会儿彼此的生活和工作，然后这位女士兴奋地向凯比特说道："这位是我的未婚夫，我们就快要结婚了，一年以前在您这里得到热情帮助，我非常感激，所以我们结婚的新衣服就准备在您这里购买了，因为我相信您。"

于是，凯比特详细询问了女士和男士的喜好，然后用自己的专业知识为他们推荐了合适的衣服。他们非常高兴，当即买下了服装。

凯比特根据自己的销售经验，总结出了一些销售技巧。

1. 绝对不要以貌取人

外貌并不能如实反映一个人的购买力，或者就算一个人的购买力不高，他也是潜在客户，也掌握着口碑话语权，如果对其不热情，就难以获得良好的口碑，进而影响后继的销售工作。

2. 让自己的真诚温暖客户的心

每个人都渴望得到别人真诚和热情的关心，在日常销售过程中客户在这方面的心理需求更加强烈。如果销售人员能为客户提供真诚和热情的服务，使客户的心理得到满足，客户甚至不会在意价格的高低。试想一下，如果销售人员一脸冷漠，爱答不理，就算产品质量再好，客户也不会有购买的欲望。

3. 将自己的热情持续到底

很多人有这样的感受，当购买产品时，销售人员往往会对自己非常热情，而自身也能找到被重视的感觉，可一旦购买产品后，销售人员就会变得非常冷漠，甚至产生不耐烦的表现。如此不稳定的态度会伤透客户的心，以后购买产品就不会再找

这样的销售人员了。

　　销售高手之所以能成功，很大一部分因素就在于他们能够将服务客户的热情进行到底。在他们看来，客户选择自己的产品是出于对自己的信任，也是由于被自己的热情服务所感染。

　　其实，销售人员关注的并不应仅仅是产品本身，那些影响销售成功的细节也是不可或缺的一部分。很多情况下，客户购买产品是因为被销售人员表现出来的细节所打动。

　　因此，一个高明的销售人员一定要注重销售过程中的细节，它影响着签单的成功与失败，以及是否能让客户主动找你再次购买。

> **沟通技巧**
>
> 　　细节是影响成交的"隐形杀手"，它悄无声息地存在着，并且随时可能给成交带来决定性的影响。在这种情况下，销售人员非常有必要注重细节，从而掌握销售的主动权，这样才能顺利达成交易。

第十二章

成交只是销售的逗号，别在售后沟通上前功尽弃

做销售不能浮躁，成一单换一批客户的行为是一种巨大的错误。其实，真正托起销售业绩的正是那些已经购买了产品的客户。维系老客户的忠诚度，扩大新客户群体，双管齐下才是正道。这就要求销售人员及其公司做好售后服务，切不可在售后沟通时伤了客户的心。

一、完善客户管理，不要忘记客户，也别让客户忘了你

要想将销售深入进行下去，就不能把销售看成一次性的销售行为，只有不断吸引新客户，将已有客户转化为忠实客户并维护老客户才能不断增加销售业绩和市场份额。

客户管理便是达成以上目标的有力手段。所谓客户管理，指对已经有业务往来的客户进行系统的辅导与激励。客户管理的方法多种多样，其中最方便简易的方法是建立客户档案，对客户的各项资料进行科学化记录、整理、分析和应用，从而巩固双方的关系，提升销售业绩。

案例 78　销售人员只顾卖车没有建立客户档案，被老板批评

有三个人来到了某车行，经过很长时间的挑选和考虑，又与销售人员进行了沟通协商，最终这三位客户分别购买了一辆白色雪佛兰轿车、一辆越野跑车和一辆农用车。

办完手续以后，三位客户开着自己喜爱的车离开了，而销售人员则心满意足地看着他们离去。

车行老板得知刚刚成了几笔生意，便赶了过来，找到销售人员问道："刚才买车的那三个人你做了记录没有？"

销售人员对此不以为然："还要做记录？他们已经购买了，单据就在这里呢，这次销售成功了就行了呗！"

"那你能告诉我那三个人都是什么身份吗？如果下一次他们其中某个人再一次来到咱们这里，你能很快认出他吗？你能保证他们记住你了吗？他们对咱们的产品印象如何？"车行老板一口气问了销售人员好几个问题，销售人员哑口无言。

这个案例中的销售人员认为把东西卖出去就万事大吉，并未把客户管理放在心上。实际上，不进行客户管理是售后服务不完善的表现。作为销售人员，不能忽视客户管理工作，只有把客户管理做到位，才能把售后服务工作上升到一个更高的层面。

客户管理工作可以从建立客户资料卡着手。

建立客户资料卡有诸多好处：可以区分已有客户与潜在客户；可以此规划收款、付款的顺序；能对每位客户的销售状况和交易习惯有一个大致了解；销售人员有事

忙不开时，接替者可以依据客户资料卡为客户服务；可以依此拟定合理而具体的拜访计划；可以为其他销售人员提供有价值的资料；可以根据客户的信用度调整交易额，制订具体的销售政策。

客户资料卡中应包括的内容如下图所示。

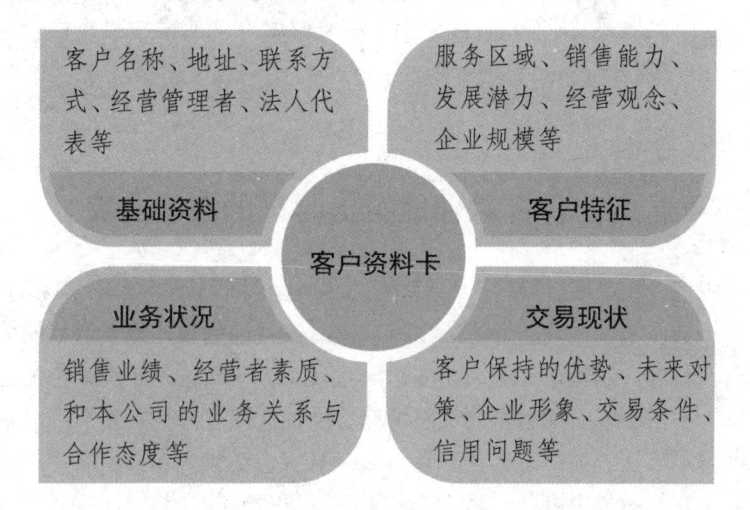

基础资料：客户名称、地址、联系方式、经营管理者、法人代表等

客户特征：服务区域、销售能力、发展潜力、经营观念、企业规模等

业务状况：销售业绩、经营者素质、和本公司的业务关系与合作态度等

交易现状：客户保持的优势、未来对策、企业形象、交易条件、信用问题等

销售人员从一开始拜访客户就应着手整理和补充客户资料卡的内容，并随着时间的推移对其完善和修订，然后在开展业务过程中充分利用。每次拜访客户前，销售人员要先查看客户的资料卡，确认客户的重要信息，然后对客户资料卡上的资料进行分析，将其作为拟订销售计划时的参考。

销售人员利用客户资料卡进行客户管理时，应把握以下原则。

1. 动态管理

客户的情况随时可能发生变化，销售人员不能在建立客户资料卡后对其置之不顾，而应随着客户情况的变化进行调整，剔除过时的资料，及时补充新的资料，使客户管理保持动态。

2. 突出重点

客户资料卡中不仅包括已有客户，还有未来客户和潜在客户，销售人员要从这些客户资料中找到重点客户，为选择新客户、开拓新市场提供支持。

3. 灵活运用

建立客户资料卡的目的不是变成整理控和收集控，而是要合理运用客户资料，所以不能将建立好的客户资料卡束之高阁，而要对其进行详细分析，使死板的资料变成活生生的材料，为提高客户管理的效率创造便利。

> **沟通技巧**
>
> 销售工作是一个系统的过程，从寻找客户、与客户沟通协商到与客户成交，然后继续吸引新客户，维护老客户，销售人员必须依靠客户管理来维持良性运转。客户管理是保证客户忠诚度、扩大客户群的有力手段，其中尤以建立客户档案和客户资料卡效果最为显著。

二、客户要退货，有针对性地给出合理的解决方案

对很多销售人员来说，能够把产品售卖出去就已经是一件非常不容易的事情了。很多销售人员会在销售成功之后松一口气，这时一旦遇到客户退货退款的情况，就会非常失望，对客户的投诉和退换货要求产生反感，对其爱答不理，态度恶劣。

这种行为不但不能缓解客户的愤怒情绪，反而会使客户更加生气，对该产品及其公司越来越不信任。最终，客户只会流失。其实，销售人员要将客户的退换货行为看成是一次新的销售机会，对客户的态度要友好、礼貌、热情。

在遇到客户退换货时，适宜和不适宜的话分别如下。

适宜
- 没关系，我帮您换一个，您看换哪一个好呢？
- 实在是不好意思，我们规定不能退换货。
- 抱歉，您已经使用过这件产品了，我们无法再卖给其他客户，无法给您退换货。
- 对不起，是我们疏忽了才给您造成这么大的麻烦。

不适宜
- 买的时候没看好，挑了半天又来退。
- 怎么刚买走，这么快就要退货？
- 这件产品不是我卖的，是谁卖的你找谁去！
- 只能换，不能退款。

其实，大部分的退换货是可以避免的。在与要求退换货的客户交流时，销售人员要耐心友好地询问原因。一般来说，客户要求退换货的原因无非是冲动消费之后突然后悔或者被周围人影响而改变主意，产品出现问题等。

人们的消费行为一般分为理智型和冲动型两大类。很多非常感性的人，尤其是年轻女性，在当时的消费场景和气氛下，很容易做出冲动消费，再加上有些销售人

第十二章
成交只是销售的逗号，别在售后沟通上前功尽弃

员为了成交而忽悠客户，使客户一时激动而购买产品，但客户清醒过来之后觉得自己太冲动，再对比其他类似产品的信息，觉得自己受骗了，所以非要退款退货。

其实，对这类客户的退换货行为要防患于未然，要在客户购买产品时给客户充足的消费理由。这就要求销售人员不能单纯靠忽悠促使客户购买产品，而应该将购买产品的好处列出来，列得越多越好。

另外，在客户购买产品后，销售人员要及时跟进客户，掌握客户的心理状态，一旦发现客户有反悔的迹象，可以再次向客户重复购买产品的好处，直到客户能够把好处说出来为止。

如果客户是因为产品出现问题前来退换货，我们要先找出产品出现问题的原因，看到底是客户的责任还是公司的产品质量问题，然后再有针对性地给出合理的解决方案。

案例 79 导购员请示店长后为客户退换鞋子，生气的客户满意离开

商场的二楼集中了大量的衣鞋店，由于在闹市区，这里的客流量非常大，每一家店的生意都很好。

莫菲玲是一家鞋店的导购员，这一天早上上班时状态非常好，十分热情地对客户迎来送往，很快就卖出很多双鞋子。不过，快要到中午的时候，鞋店里突然响起一阵喧闹声。

"你们看看这双鞋，我才穿了三天，鞋子就磨损成这样了。你们的鞋子质量一定有问题，我要求退货！"

鞋店的门口挤着很多看热闹的人，店里正在挑选鞋子的客户也都好奇地向声音的源头看去。鞋店的生意顿时受到了影响。

一位导购员对客户说："不好意思，您已经穿过这双鞋了，而且鞋子磨损得很厉害，我们是不能为您退货的。"

客户又开始大声嚷嚷："你们店还讲不讲理啊？才三天时间啊，才三天时间，就算我没有好好爱护这双鞋子，它也不可能磨损成这样吧，明显是它的质量有问题啊！"

无论导购员如何劝说，这位客户仍然固执地不肯离开鞋店，这让导购员十分头疼。

莫菲玲刚刚送走一位客户，便走过来向客户了解情况。"大姐，请问您遇到什么情况？为什么要退货？"

客户高声说道:"刚才我已经说了,可能你还不知道。我再说一遍,我买回去这双鞋子才三天,这双鞋子就已经磨损成这个样子了。我不退货还留着过年吗?"

莫菲玲一看鞋子的样子就明白了,难怪客户会发火,鞋跟处磨损了很大一块,可能这双鞋子确实质量有问题,而且客户平时不注意保养,致使鞋子磨损得更快。

于是,莫菲玲冷静地对客户说:"请您先不要着急,消消气,我来解释一下。对于您的这种情况,我也非常理解,我一定尽全力帮助您,不过退换货超出了我的权限,我现在马上请示店长。"

莫菲玲打电话给店长,说明情况后,经过短暂的沟通,莫菲玲回到客户身旁,说道:"大姐,问题解决了,我们马上帮您换一双鞋。其实像这样的损坏,我们之前从来没有遇到过,也不知道为什么会发生这种情况。为了避免再一次发生这种情况,我们以后会好好检查货品,也请您在购买鞋子后注意保养啊,谢谢您的支持!"

莫菲玲很快就帮客户换了一双崭新的同款鞋,客户这才没再说什么,十分满意地离开了鞋店。

> **沟通技巧**
>
> 当遇到客户要求退换货时,销售人员一定要冷静应对,找出客户退换货的原因,再提出有针对性的解决方案,使客户不至于流失,甚至提升客户的忠诚度。

三、客户抱怨可能只是在宣泄情绪,莫要火上浇油

人们都想要追求完美,但世界上没有完美的事物,再好的东西都有可能有一些让人非常恼火的缺点。因此,在销售活动中,即使是一流的企业与一流的销售人员都无法避免遭到客户投诉,因为世界上没有完美的产品和服务,而客户则越来越挑剔。所以在遇到客户投诉时,销售人员一定要找到最合适的方式与客户进行交流。

一般情况下,客户在投诉时情绪激动,异常愤怒,甚至会不由分说地先痛骂一顿。这其实是客户在宣泄自己的情绪,使自己不快的心情得到释放和缓解。在这种情况下,销售人员切不可火上浇油,与客户对峙,而应立即向客户道歉,并采取措施解决问题。

1. 从倾听开始

倾听是解决问题的关键,销售人员在倾听客户投诉时,不仅要听客户说话的内容,还要注意对方的语调与音量,以便了解客户的真正情绪。待听完之后,销售人员要向客户复述一遍,使其知道自己的话被认真倾听,向其表明自己的真诚和尊重。

第十二章
成交只是销售的逗号，别在售后沟通上前功尽弃

如果客户发现自己有的地方没有说清楚，他也会再说一遍。

比如，"刘先生，您是说，一个月之前您在我们这里购买了一部手机，但买回去之后发现它会无缘无故地死机，来到我们的手机维修中心检测也没有发现任何问题。您很不满意这种情况，经常死机对您的生活造成了很大困扰，所以要求我们更换产品，我理解得对不对？"

2．认同客户的感受

客户在投诉时情绪激动，流露出失望、生气、愤怒和烦恼等情绪，不要认为这是对你个人的不满，客户仅仅是把你当成了发泄对象而已。

客户的情绪是有原因的，销售人员应该非常重视，并用合理的方法迅速地加以解决，首先要让客户知道你认同他的感受，对其非常关心：

"刘先生，十分抱歉，让您这么不高兴，我非常理解您现在的感受。"

3．引导客户情绪

说道歉并不意味着承认自己有错，其实"对不起"或"很抱歉"主要是向客户表达对其遭遇的同情和遗憾。销售人员不用担心客户因你的道歉而得理不饶人，要知道对客户情绪的认同只会将客户引向解决方案。这时，销售人员也可以运用一些方法来引导客户的情绪，化解客户的愤怒，比如转移话题、请示领导等。

4．表示愿意提供帮助

客户投诉时不仅情绪激动，也有紧张的成分。因为他在使用产品或者享受服务时遇到了问题，而这个问题是急切需要解决的，拖时间太久对他也是不利的。因此，销售人员应该促使客户关注如何解决问题，并乐于向客户提供帮助，使客户感觉到安全和保障，进而消除其对立情绪，甚至使其对你产生依赖感。

5．解决问题

一般情况下，公司会提前对客户的投诉进行预案，在提供解决方案时要注意以下几点。

（1）为客户提供选择。一般来说，解决一个问题的方法并非只有一种，为客户提供多种方案供其选择，会让客户感到拥有支配权，从而在实施方案时更加配合。

（2）诚实地向客户承诺。销售人员并不一定能确保解决客户所有的投诉，毕竟有的问题非常复杂。因此，销售人员不要向客户轻易承诺，而应诚实地告诉客户，自己会尽力寻找解决问题的办法，并约定回复的时间，然后如期联系客户。假如到时仍没有解决方案，销售人员也要准时给客户回话，向客户解释不能解决问题的原因，并再次约定答复时间。总之，销售人员对待客户要诚实，这样会更容易得到客

户的认可。

（3）适当地给客户一些补偿。既然为客户造成一定的困扰，销售人员可以从公司得到授权，为客户提供一些适当的补偿，以弥补公司操作中的一些失误。不过要注意的是，将问题解决后一定要改进工作，减少未来工作中出现类似问题的可能性。

> **沟通技巧**
>
> 客户花钱购买了产品或服务，没有得到应有的体验，反而生了一肚子气，自然想要宣泄情绪，于是向公司投诉。在接到投诉时，销售人员要先接下客户的投诉，向其表示认可和同情，并将客户的情绪引向解决方案，在帮助客户解决问题时消除客户的对立情绪。

四、落实服务承诺，让客户的投诉消失在路上

现在市场竞争异常激烈，消费者维权意识不断提高，消费观念也在逐渐发生变化。在选购产品时，消费者不再只关注产品本身的质量或者价值，尤其是在同类商品的质量和性能相似的情况下，他们更加注重商品的售后服务。

所谓售后服务，是指在商品出售以后，对客户使用商品所提供的各种服务活动。其实，对公司来说，售后服务也是一种促销手段。

因此，销售人员在向客户销售实惠的产品时，也要向客户提供完善的售后服务，以此来打动客户的心，增强客户对销售人员的信任和好感度，进而实现增加成交量的目的。

一般来说，售后服务主要有以下几种。

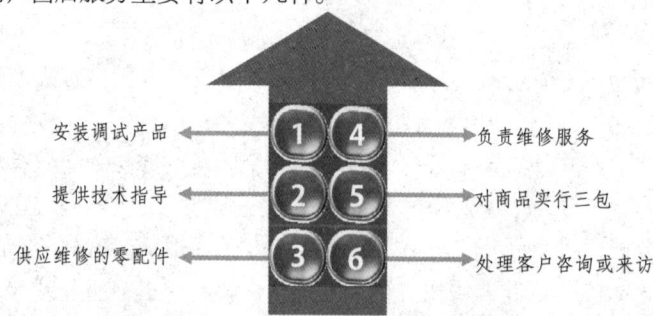

1 安装调试产品	4 负责维修服务
2 提供技术指导	5 对商品实行三包
3 供应维修的零配件	6 处理客户咨询或来访

虽然售后服务的内容非常零碎和杂乱，但处理好售后服务是打动客户的有效手段之一。客户现在越来越看重售后服务，如果销售人员能提供打动人心的售后服务，就一定可以提升客户的忠诚度。

第十二章
成交只是销售的逗号，别在售后沟通上前功尽弃

案例 80 售后人员免费为客户装卸电视挂架，客户被感动，带亲朋前来

有一天，一位客户来到家电商场，焦急地询问装卸电视挂架的价格。销售人员询问过后才知道，原来这位客户一年前在这里购买了一台40寸的彩电，可最近房子出售，需要卸下电视挂架，然后安装到新家。现在就等着卸下挂架之后把房屋钥匙交给购房者了。

正巧售后人员刘正军赶到这里办事，听到客户的要求之后主动说："先生，一分钱也不用花。您别着急，我先去一位客户家里安装电视，等回来之后就去给你家卸电视挂架。"于是，刘正军记下了客户的联系方式，为另一位客户安装完电视以后，利用自己的休息时间到这位客户家里为他卸下了挂架，又帮忙给他安装到新家。

刘正军的贴心服务使客户深受感动，他慷慨地说道："小伙子，装卸费你要多少都行，而且你陪我一起吃顿饭再走也不迟，你可真是帮了我的大忙啊！"

刘正军微笑着说道："我是一名售后服务人员，做这种事是力所能及的，以后不管您家的电视出了什么问题，尽管打电话给我，我随叫随到。"说完之后，刘正军婉言谢绝了客户关于给装卸费和宴请的请求。

后来，刘正军又在家电商场遇到这位客户，和他聊天时才知道，原来他这一次来家电商场是带亲朋好友来购买电视机。

为客户提供优质的售后服务，在令客户感动的同时也使其更加认可产品以及销售人员本人。互惠原理认为，我们应该尽量以相同的方式回报他人为我们所做的一切。因此，每当销售人员帮了客户的忙，客户就会感觉欠了销售人员的人情，需要做点什么来补偿，这无形之中就增进了销售人员与客户之间的关系。

其实，售后服务也是销售的一部分，如果销售人员没有正确看待售后服务的作用，在进行售后服务时马虎大意，态度不端正，很容易让客户觉得自己没有受到重视，而且售后服务一旦没有做好，与产品有关的维护、保养或者安装调试等工作不能让客户满意，客户就会产生怨言，从而增加公司接到投诉的数量。因此，销售人员要正确对待售后服务，真诚对待客户，给客户最好的服务，让客户的投诉不再有产生的土壤。

> **沟通技巧**
>
> 售后服务是销售活动的延续，销售人员在成功售出产品之后不能掉以轻心，而应该尽力为客户提供良好的售后服务。售后服务做得好，不仅能减少客户投诉，还能增进销售人员与客户的关系，巩固客户对产品的忠诚度。

五、跟进客户，让关心在成交之后仍伴客户左右

销售行业有一个共识：维护好一个老客户远比开发一个新客户更划算，因为成本和精力的投入会更少，而且老客户的成交潜力会继续放大，并很有可能为销售人员转介绍新的客户。

客户群并非一日就建立起来的，而是随着销售人员的从业时间增加而慢慢建立的。老客户的关系也并非一次成交就能建立的，而是需要初次成交后不断跟进才能最终形成互相信任的关系。

一般来说，跟进客户的方法主要有以下几种。

1. 成交后的回访

与客户初次成交后，销售人员应该及时向客户做回访，比如，大宗贸易中，应在发货后及时用电话通知对方发货的时间、货运公司的情况及预计的到货时间及查询方式等，使客户对销售人员的工作进程有充分的了解。

假如货物需要安装调试，销售人员应事先了解客户安装设备的时间，并在客户开始安装设备时主动联系客户，提出为其提供支持和配合的请求，并让客户把在安装及使用过程中发现的问题告诉自己，以做记录和处理。这样做可以让客户感觉受到重视，让客户买得放心，用得安心。

2. 向客户介绍产品信息和公司动态

公司的产品会随着产品政策或者公司业务做出调整，销售人员要在有变化的时候及时通知客户，以便客户根据公司的变化做出调整，避免在平常的交易中产生不必要的麻烦。客户会觉得销售人员时刻为他着想，对其的信任会显著提升。

3. 做客户的顾问

在与客户的日常交流中，销售人员要密切关注客户公司在管理和营销方面的信息，及时和客户进行沟通和交流，让客户感觉到销售人员不仅仅关注成交与否，对客户公司的发展和成长更为关注。

很多公司在发展过程中难免会存在一些问题，销售人员可以利用自己的综合能力和知识帮助客户解决问题，即使能力不够也没关系，尝试把自己公司的一些成功经验传授给客户，让客户参考一下也未尝不可，说不定会对客户帮助很大。客户由此会对销售人员产生更大的信赖感，甚至产生依赖性，以后碰到问题会主动与其沟通，客户的忠诚度无疑更加巩固了。

4. 关注客户变化及时跟进

销售人员要通过各种渠道关注客户的变化，比如经常登录客户公司网站查看动态；与客户公司员工交流沟通，从侧面了解一些情况；通过统计自己公司与客户公司的成交数据发现变化。

因为客户公司在发生变化时不一定会通知销售人员所在的公司，所以一旦发现状况，销售人员应及时跟进维护，以避免客户流失。这样做会让客户觉得一直受到关注，所以会在有问题时及时与你联系，寻求帮助。

5. 建立客户投诉机制

要让客户明白，本公司欢迎客户提出任何不满意的地方，并会对投诉非常重视，尽快加以解决，使其没有后顾之忧。但是，有的客户在碰到问题后并不会告诉销售人员，而是在以后需要产品时更换其他产品。所以销售人员不能守株待兔，一定要主动和客户多沟通，询问客户是否有不满意的地方，如果有则及时改进，并承诺在以后会越做越好，激发客户提建议的积极性。

6. 感情维系

销售人员要在工作以外的时间内多在客户那里找一些存在感，多和客户聊聊天，这样才能和客户保持良好的关系。比如，销售人员可以在节假日为客户发送节日祝福，这就是所谓的"感情投资"。一旦让客户知道你心里记着他，客户会非常感动，只要产生需求，第一时间想到的肯定是与他关系最好的销售人员。

案例 81　销售人员用两个月时间培养客户，让客户带来多倍订单

20世纪40年代，一个小伙子刚刚中学毕业就来到美国密歇根州的一家机床公司做销售人员。

他在这家公司是年纪最小的销售人员，同事都觉得他没有经验，是一个毛头小子，肯定做不长久，顶多两个月就会被公司解雇了。

正如同事们所说，小伙子尽管每天早出晚归，但两个月下来，他只卖了5台机床，根本没有完成基本的销售任务。

经理警告他，下个月必须至少卖出8台机床，不然就只能拍屁股走人了。小伙子这时却非常自信地笑着说："下个月我至少能卖出20台！"

同事们简直不敢相信自己的耳朵，都觉得这个小伙子是个吹牛大王，看他到时候怎么收场。小伙子仍然像以前那样早出晚归地跑业务。

有一天，经理在外出办事的路上看到这个小伙子从一个客户工厂里走出来，而这个客户正好在上个月刚从小伙子那里买了一台机床。他很好奇，小伙子为什么还

要跑到这里？他叫住小伙子，把自己的疑问告诉了他。

小伙子告诉经理，自己在做业务，而且还要去另一家工厂，刚说完就快速跑开了。

经理又想起来，那家工厂刚在半个月前买过两台机床。经理本来想提醒他多挖掘新客户，可是小伙子已经跑远了。

经理回到公司后对同事们说了今天见到的情况，所有的同事都笑了起来："这小子恐怕以后在公司里待不下去了！"

出乎所有人意料的是，小伙子在当天居然带回了一张5台机床的大订单，甚至在这一个月卖出了47台机床，全公司没有人比他卖得多。

所有人都很好奇，问他是怎么完成如此大的销售量的。小伙子没有立即回答，反而卖了一个关子，反问他们一句："你们觉得真正的销售在哪个环节？"

"当然是在成交之前，只要在成交之前做好，销售就能达成。"

小伙子摇摇头说："你们说得不对，真正的销售是在成交之后。我在成交之后不会把客户甩开，而是继续关注他们。我在这一个月一直和客户联系，而且提供各种服务，这让他们对我的印象越来越好，也对我们的产品越来越认可，都非常积极主动地转介绍新的客户给我。因此，我不仅保住了老客户，还吸引了更多的新客户，所以成交量就很快提升上来了。"

听了小伙子的这一番话，大家这才恍然大悟。

后来，小伙子又到一家汽车公司当销售人员，他就是被誉为"世界上最成功的推销员"的乔·吉拉德，他曾创下连续12年平均每天销售6辆车的纪录，至今无人能破。

第十二章

成交只是销售的逗号，别在售后沟通上前功尽弃

> **沟通技巧**
>
> 老客户能带来新客户，而老客户的忠诚度也是一步步建立起来的。初次成交之后，销售人员不能做甩手掌柜，不再联系客户，而应该及时跟进客户，主动询问客户的情况，做客户的顾问和朋友，维系彼此之间的友好关系和信任关系，从而巩固客户的忠诚度。

六、趁热打铁，通过客户转介绍扩大客户群

成交之后大喜过望，准备离场打道回府。过于着急可不是什么好事，就算客户没有反悔，也错过了趁热打铁，请客户转介绍新客户的机会，白白浪费了扩大客户群的宝贵时机。

一成单就消失，一定无法成为顶尖的销售人员。顶尖的销售人员一旦和客户确立了良好友善的情感气氛，不管客户买不买他的产品，都会找到合适的时机请客户帮助转介绍。

当销售高手遇到客户拒绝购买产品的情况时，他会说："先生，我想目前您可能已经有这件产品了，请问您身边的朋友中有谁更需要这件产品吗，如果有的话，可不可以介绍他们来我这里了解一下？"

客户之所以不愿转介绍客户，主要是害怕产品带来的问题会给朋友带来麻烦，影响彼此之间的关系。因此，销售人员必须让客户放心才行。如果销售人员的表现、精神状态和工作能力都能获得客户良好的口碑，让客户知道你确实是在为他着想，获得客户转介绍就不再困难。

当然，如果提出让对方转介绍客户的请求遭到了拒绝，也不必强人所难，要赶快转移话题，给自己找一个台阶下。

客户转介绍是开发客户的重要方法，具有开发效率高、成本低、客户质量高等优点。不过要想获得客户转介绍，需要做好以下三点。

1. 要提高客户转介绍的积极性

提高客户转介绍的积极性要从以下两方面着手。

一是提高客户对销售方的信任度，包括销售人员、产品、销售方式、企业与品牌等，其中客户对销售人员的信任最为重要，因为销售人员是直接接触客户的人，没有客户对销售人员的信任，就没有对其他方面的信任。

销售人员要想获得客户的信任，就要真诚地对待客户，帮助客户解决各种问题，与客户交朋友。在其他方面，产品与服务的品质要达标，销售方式要能被客户接受，而且企业要做好客户关系管理，培养客户的忠诚度。另外，企业要想获得客户的尊重，需要体现出社会责任感。

二是保护客户的利益不受损害，并且要使其受益，这样才能提高客户转介绍客户的积极性。

2. 要引导客户进行转介绍

千万不要觉得请客户帮忙转介绍是一件难为情的事情，其实这是对老客户的信任和尊重，也体现出销售人员的自信。

在请求客户转介绍时，对于那些转介绍意愿度非常强烈的客户，使其成为编外的销售人员是一个不错的办法。这样一来，当销售人员不方便与被推荐人直接面谈时，客户可以起到辅助作用，为今后销售人员直接与被推荐人联系铺路。

3. 要做好客户转介绍的后续工作

当客户转介绍成功后，销售人员要尊重客户的劳动成果，尽快与被推荐人联系，并及时将与被推荐人的联系情况反馈给客户，同时尽最大努力把被推荐人转化为客户。在刚一开始，销售人员由客户牵线搭桥，与被推荐人建立初步的信任关系，不过，要在之后尽快与被推荐人建立直接对话关系。

> **沟通技巧**
>
> 高明的销售人员不管是否成功销售产品，只要与客户的交谈氛围比较融洽，就会适时提出让客户帮忙转介绍的请求。要想让客户同意请求，应该先取得客户的信任，并引导客户转介绍，一旦客户成功转介绍，一定要尽快与被推荐人联系，并尽早与其建立直接对话关系，想办法将其转化为真正的客户。